Conceitos básicos
de cozinha fria

inter
saberes

Ana Lucia Eckert
Luiz Felipe Tomazelli

Conceitos básicos de cozinha fria

inter saberes

Rua Clara Vendramin, 58 . Mossunguê . CEP 81200-170
Curitiba . PR . Brasil . Fone: (41) 2106-4170
www.intersaberes.com . editora@intersaberes.com

Conselho editorial
Dr. Alexandre Coutinho Pagliarini
Drª. Elena Godoy
Dr. Neri dos Santos
Mª. Maria Lúcia Prado Sabatella

Editora-chefe
Lindsay Azambuja

Gerente editorial
Ariadne Nunes Wenger

Assistente editorial
Daniela Viroli Pereira Pinto

Preparação de originais
Ana Maria Ziccardi

Edição de texto
Arte e Texto Edição e Revisão de Textos
Monique Francis Fagundes Gonçalves

Capa
Charles L. da Silva (*design*)
stockcreations, Chatham172 e Ryzhkov
Photography/Shutterstock (imagens)

Projeto gráfico
Charles L. da Silva (*design*)
Iryn/Shutterstock (imagem)

Diagramação
Rafael Zanellato

***Designer* responsável**
Charles L. da Silva

Iconografia
Regina Claudia Cruz Prestes
Sandra Lopis da Silveira

Dados Internacionais de Catalogação na Publicação (CIP)
(Câmara Brasileira do Livro, SP, Brasil)

Campos, Ana Lucia Eckert de
 Conceitos básicos de cozinha fria / Ana Lucia Eckert de Campos, Luiz Felipe Tomazelli. Curitiba, PR: InterSaberes, 2025.

 Bibliografia.
 ISBN 978-85-227-1529-9

 1. Culinária (Pratos frios) 2. Culinária (Receitas) I. Tomazelli, Luiz Felipe. II. Título.

24-210664 CDD-641.79

Índices para catálogo sistemático:
1. Pratos frios: Culinária: Economia doméstica 641.79

Cibele Maria Dias – Bibliotecária – CRB-8/9427

1ª edição, 2025.
Foi feito o depósito legal.
Informamos que é de inteira responsabilidade dos autores a emissão de conceitos.
Nenhuma parte desta publicação poderá ser reproduzida por qualquer meio ou forma sem a prévia autorização da Editora InterSaberes.
A violação dos direitos autorais é crime estabelecido na Lei n. 9.610/1998 e punido pelo art. 184 do Código Penal.

Sumário

Apresentação, **7**
Como aproveitar ao máximo este livro, **9**

Capítulo 1
Introdução à cozinha fria, 13

1.1 Contexto histórico, **15**
1.2 Áreas de atuação, **19**
1.3 *Garde manger* como profissão, **23**

Capítulo 2
Tipos de saladas e de temperos, 27

2.1 Higienização de alimentos, **29**
2.2 Tipos de saladas, **30**
2.3 Ervas e especiarias, **52**
2.4 Azeites aromatizados, **78**

Capítulo 3
Preparo de molhos e de manteigas compostas, 85

3.1 Molhos frios emulsionados, **87**
3.2 Molhos à base de manteiga, **89**
3.3 *Coulis*, **93**
3.4 *Chutney*, **96**
3.5 Manteigas compostas, **99**

Capítulo 4
Das *mousses* às *galantines*, 105

4.1 *Mousses* frias e salgadas, 107
4.2 Patês, 112
4.3 *Terrines*, 118
4.4 *Galantines*, 122
4.5 Acompanhamentos e serviços, 124
4.6 Degustação e harmonização, 126

Capítulo 5
Processos de conservação e técnicas de tempero, 131

5.1 Conceitos fundamentais, 133
5.2 Cura a seco, 136
5.3 Cura úmida, 140
5.4 Técnicas de marinadas, 141
5.5 Conservação e armazenamento, 144
5.6 *Confit*, 146

Capítulo 6
Apresentação final, canapés e *finger foods*, 151

6.1 A importância da apresentação, da finalização e da distribuição, 153
6.2 Canapés, 155
6.3 *Finger foods*, 158
6.4 Tendências e inovações do *garde manger*, 162
6.5 Terminologias, 163

Considerações finais, 169
Referências, 171
Respostas, 175
Sobre os autores, 181

Apresentação

Com entusiasmo, organizamos este livro para apresentar a temática da cozinha fria a estudantes de gastronomia, abordando seus conceitos básicos, desde clássicos atemporais até abordagens contemporâneas. A cozinha fria é, de forma geral, a área responsável por preparar entradas frias, saladas, sopas frias e, às vezes, sobremesas. Na cozinha fria, alguns preparos são feitos com cocção, no entanto, servidos frios. Essa área é responsável também pelas técnicas de preservação e conservação de alimentos. Como trata-se de uma área bastante ampla, dependendo do tipo e do tamanho, haverá variações do que é considerado *cozinha fria* em cada estabelecimento.

Nossa abordagem baseia-se, principalmente, na cozinha francesa, historicamente considerada como a base da alta gastronomia ocidental. Inspiração para *chefs* em todo o mundo, a cozinha francesa é caracterizada por sua diversidade regional, pelas técnicas refinadas, pelos ingredientes de alta qualidade e por um profundo respeito pela tradição culinária.

Para tratar de um conteúdo de grande importância para o aprendizado e a formação dos profissionais da área de gastronomia, organizamos esta obra em seis capítulos, descritos a seguir, com o objetivo de proporcionar conhecimento básico para enriquecer o repertório culinário dos futuros profissionais da área. Ao longo dos capítulos, apresentamos as receitas de algumas das preparações citadas para que o leitor possa testá-las e antecipar, em certa medida, sua futura prática profissional.

No Capítulo 1, abordamos o contexto histórico do termo *garde manger*, desde os primórdios da civilização até a instituição do sistema de brigada de trabalho determinada por Georges Auguste Escoffier, *chef* francês e um dos responsáveis pelo desenvolvimento da cozinha francesa moderna.

No Capítulo 2, descrevemos como saladas, ervas e azeites fundem-se para criar experiências gastronômicas memoráveis e como suas opções oferecem infinitas possibilidades na culinária. Explicamos o preparo de saladas, o uso de ervas e de azeites, indicando como selecionar os melhores ingredientes, higienizar folhas, vegetais e frutas e criar combinações que estimulem o paladar. Além disso, indicamos algumas possibilidades dos azeites aromatizados e das ervas frescas e sua capacidade de transformar pratos simples em experiências sensoriais inesquecíveis. Essa tríade culinária é uma celebração da frescura, da variedade de sabores e do equilíbrio de ingredientes naturais.

No Capítulo 3, apresentamos as técnicas de preparo de molhos por meio de diferentes tipos de emulsões, permanentes e temporárias, além de *coulis*, *chutneys* e manteigas compostas.

No Capítulo 4, tratamos do preparo de patês, *terrines* e *galantines*, indicando como combinar ingredientes e temperos para criar pratos frios com texturas e sabores variados. Essas preparações sofisticadas são uma parte essencial do repertório do profissional da área da gastronomia.

No Capítulo 5, indicamos algumas técnicas utilizadas para o preparo de curas e marinadas, com o objetivo de expandir os horizontes culinários. Tratamos sobre o uso da cura não somente na charcutaria, mas também em outras atividades da cozinha fria, como a cura de peixes.

Por fim, no Capítulo 6, abordamos as possibilidades para criar e preparar canapés – pequenas porções de comida montadas artisticamente em uma base – e *finger foods* – pequenas preparações que podem ser consumidas em uma ou duas mordidas – equilibrados e cheios de sabor, além de apresentar as regras para decoração.

Desejamos que este livro seja fonte de inspiração e conhecimento. Bons estudos!

Como aproveitar ao máximo este livro

Empregamos nesta obra recursos que visam enriquecer seu aprendizado, facilitar a compreensão dos conteúdos e tornar a leitura mais dinâmica. Conheça a seguir cada uma dessas ferramentas e saiba como elas estão distribuídas no decorrer deste livro para bem aproveitá-las.

Conteúdos do capítulo

Logo na abertura do capítulo, relacionamos os conteúdos que nele serão abordados.

Após o estudo deste capítulo, você será capaz de:

Antes de iniciarmos nossa abordagem, listamos as habilidades trabalhadas no capítulo e os conhecimentos que você assimilará no decorrer do texto.

Síntese

Ao final de cada capítulo, relacionamos as principais informações nele abordadas a fim de que você avalie as conclusões a que chegou, confirmando-as ou redefinindo-as.

Para saber mais

Sugerimos a leitura de diferentes conteúdos digitais e impressos para que você aprofunde sua aprendizagem e siga buscando conhecimento.

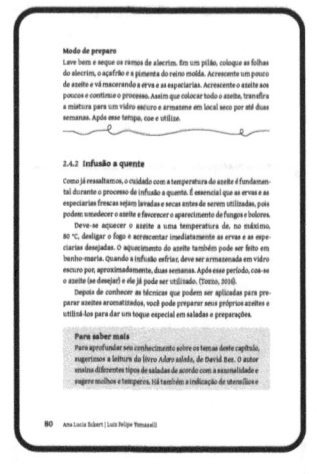

Questões para revisão

Ao realizar estas atividades, você poderá rever os principais conceitos analisados. Ao final do livro, disponibilizamos as respostas às questões para a verificação de sua aprendizagem.

Questões para reflexão

Ao propor estas questões, pretendemos estimular sua reflexão crítica sobre temas que ampliam a discussão dos conteúdos tratados no capítulo, contemplando ideias e experiências que podem ser compartilhadas com seus pares.

Importante!

Algumas das informações centrais para a compreensão da obra aparecem nesta seção. Aproveite para refletir sobre os conteúdos apresentados.

Preste atenção!

Apresentamos informações complementares a respeito do assunto que está sendo tratado.

Mãos à obra

Nesta seção, propomos atividades práticas com o propósito de estender os conhecimentos assimilados no estudo do capítulo, transpondo os limites da teoria.

Fique atento!

Ao longo de nossa explanação, destacamos informações essenciais para a compreensão dos temas tratados nos capítulos.

Capítulo 1

Introdução à cozinha fria

Ana Lucia Eckert

Conteúdos do capítulo
- Histórico do *garde manger*.
- Áreas de atuação e característica do profissional.

Após o estudo deste capítulo, você será capaz de:
1. reconhecer a tradição gastronômica e social da cozinha fria;
2. identificar as áreas de atuação do profissional *garde manger*;
3. reconhecer as habilidades essenciais para o profissional de *garde manger*.

1.1 Contexto histórico

O *garde manger* é considerado uma das áreas mais criativas da cozinha, exigindo habilidades técnicas, conhecimento sobre ingredientes e uma sensibilidade estética apurada. Os *chefs* de *garde manger* trabalham em estreita colaboração com outros membros da equipe de cozinha para garantir que os pratos frios estejam perfeitamente integrados com os pratos quentes, criando uma experiência culinária completa para os clientes.

Na Antiguidade, o termo *garde manger* referia-se ao local de armazenamento de alimentos frios utilizados em banquetes, bem como de alimentos salgados e processados, como linguiças, conservas, presunto e queijos. Com o passar do tempo, esse local deixou de apenas armazenar alimentos e passou a ter uma função muito mais ampla, englobando o local de preparação de alimentos frios, entradas e antepastos, preparados por *chefs* e cozinheiros.

Antigamente, antes da refrigeração moderna, a preservação de alimentos era preocupação fundamental, e nossos antepassados tiveram de desenvolver maneiras de conservar os alimentos. Os peixes conservados em salmouras e deixados para secar provavelmente foram preparados dessa maneira por acaso, assim como as carnes de caça que ficavam penduradas próximo ao fogo para evitar o ataque de outros animais ou insetos e acabavam por secar com a fumaça, o que fazia com que não estragassem (Instituto Americano de Culinária, 2014).

Acredita-se que os gregos produziam e consumiam peixes conservados em salmoura muito antes de ensinar essa técnica aos romanos, visto que, em 63 a.c., o escritor grego Estrabão já havia detalhado sobre a presença de produtores de sal na Crimeia e sobre os locais que salgavam peixes na Espanha.

Ingredientes como sal, açúcar e especiarias e as práticas para preservar os alimentos eram muito utilizados.

As abundantes fontes de sal possibilitaram a fundação de cidades como Roma e Salzburgo. Conforme os romanos ampliavam seus impérios, expandiam a conquista de terras com muitos recursos, inclusive alimentos, levavam consigo os próprios métodos para conservar alimentos como queijos, carnes e peixes e aprendiam novas técnicas nos locais em que se estabeleciam. Com a queda do Império Romano, as tradições alimentares locais e conquistadas foram preservadas e disseminadas pela Europa pelos nobres e pela Igreja (Instituto Americano de Culinária, 2014).

No século XII, grande parte da população mundial era formada por camponeses, que cultivavam alimentos e criavam animais em terras pertencentes à nobreza. Uma das principais atividades ao longo do ano acontecia ao final da maturação das culturas agrícolas. Nessa época, vegetais, frutas e grãos eram colhidos e submetidos a técnicas de preservação, como secagem ou armazenamento em locais frios, onde eram guardados picles, glacês e queijos.

Após o abate, a carne de bovinos, ovinos e outros animais era preservada de diferentes maneiras, como conserva, salgamento, salmoura, cura, secagem e até mesmo guardadas em gordura ou defumadas.

A coleta, o armazenamento e a comercialização desses alimentos, bem como a prerrogativa de tributá-los, tornou-se um evidente símbolo de poder, riqueza e *status* social.

O ato de guardar alimentos e poder comercializá-los conferia *status* de poder e riqueza, o que, na Idade Média, era um privilégio de reis e nobres, bem como de mosteiros e conventos da Igreja Católica, pois possuíam locais reservados para armazenar alimentos. Esses locais, muitas vezes, eram os porões, pois eram locais reservados para manter os alimentos frescos (Instituto Americano de Culinária, 2014).

Alimentos como presunto e queijo foram incorporados ao comércio entre cidades e estados, assim como animais, propriedades, empregados e joias, e serviam como moeda de troca para obtenção de outros produtos. Com o passar do tempo, foi preciso estabelecer normas para o preparo e a comercialização de produtos e serviços para que não acontecessem abusos de preços ou formação de monopólios. Surgiram, assim, as guildas, cujo objetivo era a organização econômica e social das cidades europeias.

As guildas eram associações de artesãos e comerciantes que compartilhavam interesses comuns e uniam-se para proteger seus interesses, estabelecer padrões de qualidade para produtos e controlar a concorrência. Elas tinham uma estrutura hierárquica, com mestres, aprendizes e companheiros, e cada uma representava um ofício ou alguma atividade específica (Cartwright, 2018).

Os membros das guildas eram treinados e iniciavam como aprendizes, passando a ser artífices até atingirem a posição de mestre. As guildas também exerciam um papel social importante, fornecendo benefícios mútuos aos seus membros, como apoio financeiro em tempos de dificuldades e auxílio em várias situações. A adesão a uma guilda era altamente valorizada, pois trazia prestígio e reconhecimento dentro da comunidade.

A comercialização de alimentos na Idade Média também estava sujeita a controles e regulamentações impostos pelas autoridades locais, que trabalhavam em conjunto com as guildas para garantir direitos específicos (Instituto Americano de Culinária, 2014).

No final do século XVI, existiam, pelo menos, 24 guildas relacionadas à comida, que eram divididas em dois grupos: 1) guildas responsáveis pela matéria-prima e 2) guildas que forneciam alimentos prontos, como a guilda dos charcuteiros, que preparavam e cozinhavam itens preparados com carne de porco, como presuntos, bacon, linguiças, entre outros (Instituto Americano de Culinária, 2014).

Eram muitas as restrições impostas às guildas, mas isso não impedia os charcuteiros de fraudarem algumas regras. Com isso, foram desenvolvidos preparos como as *terrines*. De acordo com a licença concedida aos charcuteiros, era proibida a venda de alimentos assados envoltos em massa, ou seja, a fabricação do *pâté en croûte* não era permitida. Sendo assim, passaram a assar os patês em formas de cerâmica, dando origem às *terrines* (Instituto Americano de Culinária, 2014).

Figura 1.1 – Terrine

Anna Shepulova/Shutterstock

    Em 1789, com o início da Revolução Francesa, muitas famílias saíram da França para fugir da guilhotina e abandonaram seus serviçais. O *garde manger*, os *chefs* e os cozinheiros eram empregados domésticos e não pertenciam a guildas formais, razão por que começaram a trabalhar em restaurantes pela Europa e nas Ilhas Britânicas.

    Em 1791, extinguiu-se o sistema de guildas e alguns charcuteiros continuaram seus trabalhos, enquanto outros passaram a ser membros das equipes de *garde manger* nos restaurantes e nas cozinhas de hotéis.

    Nessa época, não havia ainda uma estrutura organizada de cozinha, em que as funções fossem bem definidas (Calado, 2015). Essa organização foi iniciada, anos depois, por Georges Auguste Escoffier, que implementou o sistema de brigada na cozinha, o que trouxe mais ordem, pois a forma de trabalho era considerada uma anarquia. Ainda hoje esse sistema é utilizado, e nos referimos às diferentes praças da cozinha de acordo com os nomes estipulados por Escoffier: *garde manger* (profissional responsável pela preparação dos pratos servidos frios ou em temperatura ambiente), *saucier* (responsável pelo preparo de molhos), *rôtissier* (responsável pelo preparo de carnes e assados) e *pâtissier* (responsável pelo preparo de sobremesas) (Institut Paul Bocuse Gastronomique, 2016).

A organização da cozinha em brigadas é inspirada na hierarquia de cargos do sistema militar e é fundamental para a execução de tarefas e a estruturação da equipe (Calado, 2015).

Embora tanto charcuteiros quanto *garde mangers* trabalhem com alimentos preservados frios, suas funções são distintas. O charcuteiro prepara carnes curadas e embutidos, e o *garde manger* concentra-se na preparação de pratos frios, incluindo aperitivos, sanduíches, sopas frias, entre outros. Ambas as funções desempenham um papel importante na culinária, contribuindo para a variedade e a qualidade dos pratos oferecidos em restaurantes e cozinhas profissionais (Instituto Americano de Culinária, 2014).

Atualmente, tanto a cura como a charcutaria podem ser feitas pelo profissional *garde manger*, visto que são habilidades que este pode desenvolver. Não é necessário outro profissional para executá-las e, quando o profissional não domina essas técnicas, o restaurante compra esses itens.

1.2 Áreas de atuação

O profissional *garde manger* tem como função, preparar patês, *terrines*, linguiças e queijos, além de dominar receitas frias básicas que incluem preparos de verduras, grãos e legumes e preparos quentes. Vários *chefs* conceituados iniciaram na função de *garde manger*, por esta ser uma área da cozinha que exige diferentes habilidades e responsabilidades (Instituto Americano de Culinária, 2014).

Esse profissional atua em cozinhas profissionais, especialmente, em restaurantes de alta gastronomia e em hotéis. Essa área de atuação concentra-se na preparação de alimentos frios, *hors d'oeuvre*, saladas, aperitivos, conservas, charcutaria e apresentações criativas de pratos que não exigem cozimento ou que são servidos gelados.

Entre as principais áreas de atuação do *garde manger* podemos citar:

1. **Preparo de saladas**: Uma das tarefas do profissional da cozinha fria é a preparação de saladas. Isso envolve a seleção de ingredientes, a preparação de molhos, a montagem e a apresentação do prato, garantindo que este seja visualmente agradável e também saboroso.

Figura 1.2 – Salada de folhas

Liliya Kandrashevich/Shutterstock

2. **Preparo de aperitivos**: A elaboração de aperitivos servidos antes da refeição, como tábuas de frios, *terrines* e canapés, também é uma responsabilidade do *garde manger*.

Figura 1.3 – *Bruschettas*

3. **Charcutaria:** Envolve a produção de produtos de carne curada, como presuntos, salames, patês, embutidos, entre outros, incluindo o conhecimento de técnicas de processo de cura, defumação e armazenamento desses produtos.
4. **Conservas:** O *garde manger* pode ser responsável também pelo preparo de conservas de legumes, frutas, picles e *chutneys*, o que envolve o conhecimento de técnicas de preservação por meio do uso de vinagres e açúcares.

Figura 1.4 – Conservas

5. **Decoração e apresentação de pratos:** O *garde manger* precisa desenvolver habilidades para criar pratos visualmente atraentes. Em alguns locais, inclusive, é exigida a habilidade de criar esculturas de alimentos e outros elementos criativos.
6. **Preparação de ingredientes:** O profissional de cozinha fria é responsável também por preparar ingredientes que serão utilizados em outros pratos da cozinha, o que pode incluir corte de legumes, preparação de guarnições e separação de ingredientes que serão utilizados durante o serviço.
7. **Sobremesas:** Embora, atualmente, as cozinhas profissionais apresentem uma divisão entre as áreas, em algumas delas o profissional *garde manger* pode ser responsável pelo preparo de sobremesas frias, como *mousses*, sorvetes, sobremesas à base de frutas e tortas geladas.
8. **Controle de estoque e higiene:** A manutenção de um estoque adequado e organizado de ingredientes frescos e a garantia da higiene em todas as etapas do processo de preparação de alimentos dessa área é responsabilidade do *garde manger*.
9. **Criatividade e inovação:** O profissional que atua como *garde manger* deve estar atento às tendências gastronômicas, a fim de ser criativo e inovador na criação de pratos frios, pois a estética e a apresentação são fundamentais nessa área.

Outras áreas de atuação são os restaurantes à *la carte*, na execução de menus para cafés da manhã, almoços e *brunchs*.

Serviços de banquetes e *catering* exigem que os *chefs* exerçam as habilidades básicas do *garde manger*, o que faz com que muitos profissionais dediquem-se a seguir carreira nessa área. A atuação em banquetes e *caterings* exige o conhecimento de técnicas culinárias e utilização de equipamentos para produzir grande volume de refeições e servir muitas pessoas (Gisslen, 2011).

Os serviços de *catering* são executados fora do ambiente tradicional de um restaurante. O profissional que atua em banquetes e *caterings* deve colaborar com o *chef* e com outros membros da equipe para desenvolver um menu adequado às necessidades e preferências do cliente, levando em consideração fatores como tipo de evento, restrições dietéticas, sazonalidade dos ingredientes e orçamento disponível. Para isso, é preciso visitar o local onde será organizado o evento e verificar a disponibilidade de espaço e equipamentos antes de elaborar um cardápio. Em grandes festivais de música, por exemplo – como Rock in Rio e Lollapalooza –, há serviços de *caterings* para os profissionais envolvidos, bem como em eventos corporativos, casamentos, entre outros.

1.3 Garde manger como profissão

A profissão de *garde manger*, originada na culinária francesa como o *guarda-comida*, representa muito mais do que uma simples estação de preparação fria. É uma especialização culinária que exige habilidades e um profundo entendimento da preservação de alimentos, apresentação estética e criatividade na elaboração de pratos frios.

O profissional que está iniciando nessa área, muitas vezes, é responsável pela higienização e pelo corte de ingredientes, além de preparar vinagretes, manteigas aromatizadas e receitas simples. Assim que desenvolve habilidades, o profissional passa a assumir mais responsabilidades e o trabalho torna-se mais complexo e desafiador, envolvendo o desenvolvimento e a criação de novos pratos para o menu, além da gestão de compras e do treinamento de outros profissionais da cozinha (Institut Paul Bocuse Gastronomique, 2016).

A globalização possibilitou uma evolução culinária em diferentes aspectos, porém algumas bases e conceitos permanecem e colaboram para as inovações. Observa-se uma modificação nos alimentos e na maneira como são servidos, especialmente em razão do talento e da criatividade dos novos *chefs*. As novas tecnologias também são responsáveis pela implementação de novas técnicas de cocção e agilidade nos processos de produção (Calado, 2015).

Como em qualquer outra profissão, a busca pelo desenvolvimento de novas habilidades e pela atualização constante se fazem necessárias, uma vez que a cozinha está em constante evolução.

> **Para saber mais**
>
> Para aprofundar seu estudo sobre a temática da cozinha fria, sugerimos a leitura complementar do livro *Cozinha fria: da ornamentação à execução do cardápio*, de Robson de Carvalho. A obra ensina técnicas importantes para a confecção precisa de um cardápio composto de pratos clássicos e elaborados, apresentando muitas receitas. Conceitos fundamentais da cozinha são abordados por meio dos diversos métodos disponíveis e elaborados, ao longo dos anos, por *chefs* de cozinha renomados. Também é salientada a importância da manipulação adequada dos alimentos e apresentados estudos das propriedades físico-químicas das substâncias alimentares, bem como as características sensoriais das preparações.
>
> CARVALHO, R. de. **Cozinha fria:** da ornamentação à execução do cardápio. São Paulo: Érica; Saraiva, 2014.

Síntese

Neste capítulo, apresentamos a origem histórica e a evolução do conceito de *garde manger*, área da gastronomia focada na preparação de pratos frios, conservas, saladas, sanduíches e outras preparações. Como vimos, essa prática ancestral evoluiu para acompanhar os tempos modernos, adaptando-se às preferências dos comensais contemporâneos e buscando inovações constantes.

Vimos também que, para ser um profissional *garde manger* de excelência, é preciso reunir um conjunto de habilidades, desde a criatividade e o conhecimento técnico até a dedicação à qualidade e a preocupação com a segurança alimentar. O profissional *garde manger* é capaz de transformar ingredientes simples em obras de arte gastronômicas que transcendem o sabor e despertam emoções.

Questões para revisão

1. Assinale a alternativa que indica a definição correta do termo *garde manger*:
   a) Alimentos conservados.
   b) Alimentos processados.
   c) Armazenamento de alimentos.
   d) Armazenamento de produtos.
   e) Armazenamento de utensílios.

2. Quais as responsabilidades típicas do departamento de *garde manger*?

3. A organização da cozinha profissional em brigadas possibilitou uma melhor distribuição das tarefas. Assinale a alternativa que indica por quem essa organização foi idealizada:
   a) Paul Bocuse.
   b) Alex Atala.
   c) Alain Ducasse.
   d) Auguste Escoffier.
   e) Brillat- Savarin.

4. O que é a charcutaria na cozinha fria?

5. Assinale a alternativa que indica uma das principais razões pelas quais os profissionais de cozinha buscam o aperfeiçoamento constante de suas habilidades e conhecimentos:
   a) Para aumentar o custo dos pratos servidos no restaurante.
   b) Para trabalhar menos horas na cozinha.
   c) Para manter os métodos de cozinha tradicionais sem mudanças.
   d) Para acompanhar as tendências gastronômicas em constante evolução.
   e) Para reduzir o número de tarefas desempenhadas na cozinha.

Questão para reflexão

1. Imagine que você é o *chef garde manger* em um prestigiado restaurante. Recentemente, o restaurante recebeu uma reserva para um evento que servirá uma mesa de antepastos contendo patês, *terrines*, frios e algumas saladas. De acordo com os conteúdos abordados até aqui, reflita sobre a função do *garde manger* nesse evento e como ele poderia propor preparações para essa ocasião. Organize suas ideias em um texto escrito e compartilhe com seus colegas de estudo.

Capítulo 2

Tipos de saladas e de temperos

Ana Lucia Eckert

Conteúdos do capítulo
- Etapas de higienização de vegetais.
- Escolha de ingredientes e preparo de saladas.
- Uso de ervas e especiarias para realçar sabores.
- Preparo e uso de azeites aromatizados.

Após o estudo deste capítulo, você será capaz de:
1. fazer a higienização de frutas e verduras;
2. preparar diferentes tipos de saladas;
3. utilizar diferentes tipos de ervas e especiarias;
4. reconhecer os azeites aromatizados.

2.1 Higienização de alimentos

A higienização de alimentos é um procedimento fundamental para garantir a segurança alimentar, prevenir a contaminação por microrganismos patogênicos e manter a qualidade dos alimentos. Como o objetivo primeiro da higienização de alimentos é reduzir os microrganismos potencialmente presentes nos alimentos a níveis aceitáveis, é preciso bastante critério em cada uma das etapas desse processo: seleção, lavagem e sanificação.

Hortaliças, frutas e legumes que serão consumidos crus ou que não atingirão a temperatura mínima de 70 °C durante o processo de cocção devem ser higienizados (Assis, 2011).

Antes da higienização, é preciso selecionar as frutas, os legumes e as verduras que passarão por esse processo. Durante essa etapa, são descartadas folhas murchas e danificadas e retiradas partes amassadas ou mofadas.

Em seguida, iniciamos a lavagem, que deve ser feita com muito cuidado para que todas as sujidades presentes nos alimentos sejam removidas. As folhas das hortaliças devem ser lavadas uma a uma em água corrente e potável, assim como as frutas e os legumes. Durante esse procedimento, é possível remover, além das sujidades, insetos e ovos de parasitas que podem estar presentes nesses alimentos (Assis, 2011).

Após a lavagem, iniciamos o processo de sanificação, que consiste em mergulhar os produtos em solução desinfetante por, no mínimo, 15 minutos (Santos Junior, 2008).

A solução mais utilizada para desinfetar os alimentos é o hipoclorito de sódio, cuja diluição deve ser feita de acordo com as recomendações do fabricante. A utilização de água sanitária é permitida desde que no rótulo do produto esteja indicado o uso para desinfecção de alimentos e conste o registro no Ministério da Saúde. A diluição também deve ser respeitada de acordo com as orientações do fabricante (Assis, 2011).

Figura 2.1 – Higienização de hortaliças

Kaewmanee jiangsihui/Shutterstock

Assim que a etapa de sanificação for concluída, os alimentos devem ser enxaguados em água corrente, armazenados em recipientes limpos, guardados sob refrigeração ou, se necessário, congelados (Santos Junior, 2008).

2.2 Tipos de saladas

As saladas são uma tela em branco para a criatividade na cozinha porque oferecem uma variedade de ingredientes frescos e crocantes que podem ser combinados de maneiras infinitas.

O lugar que a salada assume na elaboração de um menu diversificado pode diferir significativamente de um país para outro. No Brasil, comumente, a salada tanto pode ser servida como entrada e acompanhamento quanto, até mesmo, como prato principal. Já, na França, ela costuma ser servida como prato principal e, na Itália, em algumas situações, a salada é considerada um acompanhamento.

A possibilidade de criação de saladas que atendam a diferentes cardápios dependerá da seleção das verduras, da combinação de molhos e sua escolha dependerá do lugar que ela ocupará na montagem do cardápio. Ao longo deste capítulo, apresentamos algumas receitas e preparos para exemplificarmos os pratos citados e outras criações.

Além das folhas, as saladas podem ser preparadas com tubérculos, legumes, massas e grãos. As folhas são, geralmente, utilizadas para compor diferentes saladas, pois apresentam sabores e texturas variadas, além de proporcionar frescor para os preparos (Bez, 2015).

Segundo Bez (2015), podemos classificar as saladas em *simples* e *compostas*. As saladas **simples** são preparadas com folhas e acrescidas de *croutons*, bacon, frutas etc. É possível elaborar saladas com apenas um tipo de folha ou utilizar *mix* de folhas, o que proporciona uma diversidade de sabores, texturas e nutrientes.

Nas saladas **compostas**, além das folhas, acrescentamos ingredientes como frango, peixes, camarões, entre outros tipos de carne. As saladas também podem ser guarnecidas com legumes, queijos, embutidos, azeitonas, oleaginosas, entre outros ingredientes. O ideal é que seja composta por diferentes texturas e surpreenda o comensal.

As folhas são os elementos mais característicos quando pensamos numa composição de saladas. A seguir citaremos, as principais variedades e tipos de folhas, como as alfaces, as verduras amargas e as picantes.

Existe uma variedade grande de tipos de **alface**, as quais são classificadas, de acordo com a textura da folha, em *lisa* ou *crespa*. A cor também varia de um verde claro, verde mais escuro até uma cor vermelha arroxeada, o que possibilita composições variadas. O sabor dessa hortaliça é considerado leve (Instituto Americano de Culinária, 2014).

A Figura 2.2 ilustra as alfaces lisa, crespa, americana, roxa, *frisèe* e romana, respectivamente. A alface lisa é caracterizada pelas folhas lisas, macias e delicadas, com uma textura suave e sedosa. Suas folhas são mais frágeis e têm uma estrutura mais solta em comparação com outras variedades de alface. A alface crespa tem folhas onduladas, com textura crocante e firme. Suas folhas são mais robustas e têm uma estrutura mais densa em comparação com a alface lisa. A alface americana tem folhas mais firmes e densas, com uma textura crocante e refrescante. Suas folhas são mais compactas e têm uma estrutura mais sólida em comparação com outras variedades de alface.

Com uma textura crocante e uma leve adstringência, a alface roxa é conhecida por suas folhas crespas, mais frágeis e delicadas em comparação com outras variedades, proporcionando uma sensação mais suave e leve na boca. A textura da alface roxa é mais macia e delicada, o que a torna uma escolha popular para saladas frescas e sanduíches. A alface *frisèe*, também conhecida como chicória frisada, tem folhas crespas e encaracoladas, com uma textura crocante e firme. Suas folhas são mais robustas e têm uma estrutura mais densa e fibrosa em comparação com outras variedades de alface. A textura da alface *frisèe* é mais resistente e crocante, o que a torna ideal para adicionar textura e sabor a saladas e pratos quentes. A alface romana tem folhas longas, com uma textura firme e crocante, especialmente na parte central das folhas.

Figura 2.2 – Tipos de alface

| Alface lisa | Alface crespa | Alface americana |
| Alface roxa | Alface *frisèe* | Alface romana |

New Africa; JIANG HONGYAN/Shutterstock

Como já apontamos, a seleção das folhas para a montagem da salada deve ser criteriosa. Devemos retirar as folhas murchas e as folhas manchadas. As folhas devem estar crocantes (Instituto Americano de Culinária, 2014).

Além de serem utilizadas no preparo de saladas, as **verduras amargas** podem ser cozidas no vapor, salteadas ou grelhadas. Entre suas variedades, podemos citar agrião, *radicchio*, escarola e endívia. Algumas delas também são classificadas como *verduras picantes*. A escolha na utilização de verduras amargas deve seguir o mesmo critério descrito para as alfaces (Instituto Americano de Culinária, 2014).

A Figura 2.3 ilustra, respectivamente, *radicchio*, endívia e escarola, todos membros da família das chicórias (*chicorium*), mas cada um com características distintas em termos de sabor, textura e aparência. O *radicchio*, com suas folhas densas e arredondadas, geralmente de cor vermelho-rubi, tem textura crocante e firme, sabor amargo e picante, que pode variar em intensidade dependendo da variedade e do estágio de maturação. Com cabeça compacta e alongada, a endívia tem folhas de cor clara, geralmente, branca ou amarela, com pontas verdes. Seu sabor tem um leve amargor, menos pronunciado do que o do *radicchio*, sua textura é crocante e tenra, com folhas mais delicadas e macias em comparação ao *radicchio*. A escarola tem folhas frisadas e soltas, com uma cabeça aberta e uma coloração verde intensa. Seu sabor é levemente amargo e sua textura mais macia do que a do *radicchio*, com folhas mais soltas e menos densas.

Figura 2.3 – Exemplos de verduras amargas

Radicchio   Endívia   Escarola

Com um sabor ardente, as **verduras picantes** são delicadas no tamanho e no formato. Quanto mais nova a folha, menos picante. Algumas delas enquadram-se também na categoria de verduras amargas (Instituto Americano de Culinária, 2014).

A Figura 2.4 ilustra, respectivamente, folhas de mostarda, agrião e rúcula, exemplos de verduras picantes. Com textura geralmente crocante e firme, as folhas da mostarda são de cor verde-escura e podem ter bordas irregulares. Ela é conhecida por seu sabor picante e ligeiramente amargo, que se torna mais pronunciado conforme as folhas amadurecem. A rúcula tem folhas compridas, geralmente, de cor verde-escura. Com sabor picante e ligeiramente amargo, com um toque de noz, sua textura é geralmente crocante e um pouco mais delicada do que a da mostarda. Com folhas pequenas e redondas, geralmente de cor verde vibrante, o sabor do agrião é ligeiramente picante, que pode variar em intensidade dependendo da variedade desse vegetal.

Figura 2.4 – Verduras picantes

Além dessas folhas, também podemos utilizar repolho, couve, acelga, entre outras, em uma salada.

O tempero pode ser servido à parte, para que o próprio cliente tempere a salada, ou podem ser preparados diferentes molhos, como vinagretes ou molhos cremosos, que são os mais indicados para saladas de folhas, e devem ser na quantidade suficiente para revestir as folhas, sem exagero. Trataremos sobre vinagretes e molhos no Capítulo 3.

A seguir, conheceremos algumas das saladas clássicas.

2.2.1 Saladas clássicas

As saladas clássicas são pratos atemporais que têm lugar de destaque na culinária internacional. Elas são apreciadas pela simplicidade, pelo frescor e pelas combinações de sabores que oferecem.

Entre as saladas clássicas, apresentaremos caprese, Waldorf, Caesar, *niçoise*, *panzanella*, *coleslaw*, *fattoush* e tabule. Embora existam outras saladas clássicas, essas são as mais conhecidas e servidas em diferentes ocasiões.

Preparada com uma deliciosa combinação de tomates, muçarela de búfala e folhas de manjericão, a **caprese** é uma salada italiana da região de Capri e que reproduz as cores da bandeira italiana. A salada caprese pode ser preparada com variedades de tomates, entre eles, o tomate-cereja. A utilização desse tomate para montar a salada caprese com *finger food* é uma boa escolha para diferenciar a apresentação, assim como as folhas de manjericão podem ser substituídas por um molho pesto.

Receita de salada caprese

Ingredientes
- 2 unidades de tomates maduros
- 150 g de queijo mozzarella de búfala
- 100 g de queijo parmesão
- 60 g de castanha de caju
- 120 ml de azeite de oliva
- Quanto baste de vinagre balsâmico de Modena
- ½ maço de rúcula
- 1 maço de manjericão convencional
- Folhas de manjericão basílico para decorar

Modo de preparo
Em um prato de servir, alterne as rodelas de tomate e queijo. Também podemos usar bolinhas de queijo cortadas ao meio e tomates cereja. Entre as fatias, coloque folhas frescas de manjericão, intercalando-as para garantir uma distribuição uniforme. Faça a técnica de branquear nas folhas de rúcula e de manjericão convencional. Depois de secá-las, em um liquidificador adicione azeite de oliva, queijo parmesão e castanhas de caju às folhas e bata. Acrescente os ingredientes aos poucos e corrija

o sal e a pimenta somente no final. Disponha o molho tipo pesto sobre a salada e, delicadamente, espalhe algumas gotas de vinagre balsâmico de Modena sobre a salada para adicionar um toque agridoce

Composta por salsão, nozes, maçã e maionese e guarnecida com folhas de alface, a **Waldorf** recebeu o nome do hotel em que foi criada, em Nova Iorque.

Receita de salada Waldorf

Fascinadora/Shutterstock

Ingredientes
- ¼ de xícara de iogurte natural
- ¼ de xícara de maionese
- 1 limão taiti espremido
- 1 cacho de uvas verdes, sem sementes
- 1 talo de salsão em brunoise
- 2 unidades de maçãs verdes
- ½ xícara de nozes tostadas
- Quanto baste de um mix de folhas
- Quanto baste de sal
- Quanto baste de pimenta-do-reino

Modo de preparo

Reúna todos os ingredientes. Em um recipiente, coloque o iogurte natural, a maionese e o suco de limão. Misture bem. Tempere com sal, pimenta e misture. Adicione as uvas, o salsão, as maçãs, as nozes e mexa bem. Reserve. Forre o fundo de um prato com a alface. Espalhe a mistura preparada por cima e sirva.

Criada no México, em 1924, no restaurante de Caesar Cardini, a salada **Caesar** é preparada com folhas de alface, *croutons*, parmesão em lascas e iscas de frango, como ilustra a Figura 2.5, a seguir.

Figura 2.5 – Salada Caesar

Foodio/Shutterstock

Criada na cidade de Nice, na França, a clássica salada **niçoise** é muito apreciada pela complexidade de ingredientes e por ser uma refeição completa. Ela é composta por folhas de alface, ovos, vagem francesa, azeitonas, cebola e atum, como vemos na receita seguinte.

Receita de salada *niçoise*

Ingredientes

Para a salada:

- 2 a 3 colheres de sopa de azeite extravirgem
- 1 cabeça (grande, lavada e seca) de alface
- 600 g de feijão-verde fresco: (escaldado, aparado, refrescado em água e seco)
- Sal a gosto
- Pimenta moída na hora a gosto

Para o molho:

- 2/3 a 1 xícara de limão
- 200 g de atum ralado, em lata, no óleo, escorrido
- 3 ou 4 tomates vermelhos descascados, cortados em quartos, sem caroço e temperados antes de servir
- 8 ovos cozidos, divididos ao meio no sentido do comprimento
- 200 g de batata cozida
- 1 lata de filés de anchovas (abra e escorra antes de servir)
- 3 a 4 colheres de sopa de alcaparras
- 1/2 xícara de azeitonas pretas
- 1/4 xícara de salsa fresca picada

Modo de preparo

Forre uma saladeira ou travessa com folhas de alface pouco antes de servir. Regue as folhas com um pouco de azeite e polvilhe-as com sal. Em seguida, pegue uma tigela e misture o feijão. Coloque um pouco de molho e temperos de acordo com seu gosto. Regue os tomates com o molho. Coloque o atum em um prato e tempere levemente com algumas colheres de molho. Pegue a travessa com folhas de alface e coloque as batatas no centro. Monte o feijão estrategicamente, misturando-o com os tomates temperados. Monte o atum também em nível estratégico interno. Circule a salada com ovos cozidos e torça um filé de anchova por cima de cada ovo. Coloque mais vinagrete sobre a salada. Espalhe algumas azeitonas, alcaparras e salsa.

De origem italiana, a **panzanella** é uma salada conhecida por sua simplicidade e pelo uso criativo de ingredientes básicos, como pão e tomate, resultando em uma combinação de sabores e texturas incrivelmente saborosas.

Receita de panzanella

Ingredientes

- 1 cebola roxa pequena
- 1/2 pão amanhecido, como massa fermentada
- 1 dente de alho
- 3 filés de anchova
- 1 colher de sopa de alcaparras
- 5 colheres de sopa de azeite de oliva extravirgem
- 1 colher de sopa (mais um pouco) de vinagre de vinho tinto
- 1/2 pimentão amarelo ou laranja
- 5 tomates médios
- Punhado de tomate-cereja
- Meio pepino
- Punhado de folhas frescas de manjericão
- Sal e pimenta

Modo de preparo

Corte a cebola roxa em fatias finas e deixe de molho em uma tigela com água. Corte o pão em pedaços pequenos e leve ao forno a 180 °C até ficar tostado. Coloque o pão torrado numa tigela e esprema a polpa de um tomate médio, uma colher de azeite e um pouco de vinagre de vinho tinto. Misture e deixe de molho por pelo menos 15 minutos. Num pilão (ou com uma faca) amasse os alhos, as anchovas e as alcaparras. Coloque em uma tigela pequena com as quatro colheres de sopa restantes de azeite, uma colher de sopa de vinagre de vinho tinto e sal. Pique, grosseiramente, o pimentão amarelo ou laranja e coloque na tigela. Pique o pepino e os tomates (corto os tomates cereja pela metade e corto os tomates médios em cerca de seis pedaços). Misture tudo em uma tigela grande com um punhado de folhas frescas de manjericão e um pouco de pimenta preta recém-quebrada.

Fonte: Julia Eats Italy, 2024.

A salada *coleslaw* tornou-se um clássico na culinária norte-americana, introduzida pelos imigrantes holandeses (*koolsla* significa "salada de repolho" em holandês). Preparada com repolho, cenoura e maionese, é muito versátil e pode ser servida com sanduíches e com carnes.

Receita de salada *coleslaw*

colninho/Shutterstock

Ingredientes

- 1 repolho verde pequeno (ou ½ grande)
- 1 cenoura
- ½ xícara (chá) de uva-passa branca
- ½ xícara (chá) de maionese caseira
- ¼ de xícara (chá) de vinagre de vinho branco
- 1½ colher (chá) de açúcar
- 2 colheres (chá) de sal

Modo de preparo

Corte o repolho ao meio e, com um fatiador de legumes (ou mandolim), corte as metades em fatias finas. Transfira para um escorredor e lave bem sob água corrente. Coloque o escorredor sobre uma tigela, tempere o repolho com o sal, o açúcar e misture bem. Deixe descansar por 10 minutos enquanto separa o restante dos ingredientes – assim o

repolho libera o excesso de água e fica mais macio. Enquanto isso, separe os outros ingredientes. Descasque, passe a cenoura na parte grossa do ralador e transfira para uma tigela. Passados os 10 minutos, pressione o repolho com as mãos para escorrer bem e junte à cenoura. Acrescente a maionese, o vinagre, as uvas-passas e misture bem. Prove e, se necessário, tempere com mais sal. Sirva a seguir. Se preferir, prepare a salada com antecedência e mantenha na geladeira até a hora de servir, ela fica ainda mais gostosa.
Fonte: Panelinha, 2024b.

Preparada com pão sírio, alface romana, pepino japonês, tomates, rabanete e hortelã, a colorida e crocante salada *fattoush* foi criada no Oriente Médio. É uma salada versátil e pode ser facilmente adaptada com diferentes ingredientes, como grão-de-bico, queijo feta, azeitonas ou até mesmo frutas, conforme o gosto pessoal e a disponibilidade dos ingredientes.

Figura 2.6 – Salada *fattouch*

Fanfo/Shutterstock

Tradicional salada da culinária libanesa, o **tabule** destaca-se por sua combinação refrescante de ervas frescas e vegetais picados, como tomate, cebola branca ou roxa, salsinha e hortelã frescas, as estrelas dessa preparação, combinados com trigo para quibe, que também pode ser substituído por quinoa cozida.

Figura 2.7 – Tabule

Larisa Blinova/Shutterstock

A simplicidade, a elegância e a autenticidade fazem com que as saladas clássicas perdurem ao longo do tempo. Elas celebram a frescura dos ingredientes e a harmonia de sabores, convidando-nos a explorar as tradições culinárias de diferentes culturas. Seja uma salada Caesar, que evoca o *glamour* da cozinha americana, ou uma salada caprese, que nos transporta diretamente para a Itália, as saladas clássicas continuam a encantar os paladares de todos os cantos do mundo. A combinação de ingredientes frescos e sabores especiais tornam as saladas clássicas uma escolha sempre acertada em qualquer ocasião (Instituto Americano de Culinária, 2014).

Na próxima seção, veremos como as saladas contemporâneas podem abranger um universo de combinações e sabores.

2.2.2 Saladas contemporâneas

Combinação de criatividade, frescor e sabor em pratos que vão muito além do tradicional *mix* de folhas, as saladas contemporâneas são definidas por sua abordagem inovadora na seleção de ingredientes, na preparação e na apresentação. São pratos que desafiam a culinária convencional, combinando ingredientes frescos, cores vibrantes e sabores diversos em uma única composição.

Conhecidas por sua abordagem criativa e pela exploração de ampla variedade de ingredientes, que podem incluir vegetais, frutas, proteínas, grãos, cereais, nozes, ervas aromáticas e molhos, o segredo para uma salada contemporânea de sucesso é a harmonia entre os elementos, criando uma experiência gustativa e visual única (Bez, 2015).

A composição das saladas contemporâneas engloba ingredientes diversificados, molhos criativos, textura, contrastes e apresentação atraente.

Uma das características marcantes das saladas contemporâneas é a **diversidade de ingredientes**. Isso pode incluir uma variedade de vegetais frescos, como folhas verdes, tomates, cenouras, pepinos, bem como elementos necessários, como frutas, queijos, nozes, sementes, proteínas (como frango grelhado, camarões ou tofu), grãos, ervas frescas e, até mesmo, flores comestíveis.

Uma parte fundamental das saladas contemporâneas são os **molhos criativos** e inovadores. Eles acrescentam camadas de sabor e umidade aos ingredientes. Molhos à base de azeite de oliva, vinagre balsâmico, iogurte, ervas frescas, mostarda, mel e limão são comuns. O incentivo é pra que experimentemos combinações únicas de sabores, como açaí, xarope de romã, xarope de bordo, tamarindo, pasta de gergelim, entre outros ingredientes.

As saladas contemporâneas destacam-se por seus **contrastes de textura**. Ingredientes crocantes, como nozes ou *croutons*, podem ser combinados com elementos mais suaves, como queijos macios. As folhas verdes fornecem uma base fresca e crocante para uma variedade de ingredientes.

A apresentação visual é uma parte essencial da experiência com as saladas contemporâneas. Os pratos são, frequentemente, dispostos de maneira artística e colorida, criando um impacto visual que agrada o apetite. Podemos variar os utensílios para a apresentação da salada, inclusive utilizando taças e louças modernas.

A Figura 2.8 ilustra uma montagem de salada contemporânea, preparada com queijo, salmão e vegetais. Os ingredientes são simples, mas, para a apresentação, foi utilizada uma louça moderna e os vegetais foram escolhidos para dar frescor e crocância ao preparo.

Figura 2.8 – Salada com salmão e vegetais

A Figura 2.9 ilustra uma combinação de ingredientes frescos com o atum grelhado. As texturas são variadas: temos a maciez do peixe e dos tomates e a crocância da alga e dos espinafres frescos. A louça utilizada também proporciona o destaque das cores.

Figura 2.9 – Salada de atum com tomates e espinafre

Ryzhkov Photography/Shutterstock

Para montar uma salada contemporânea, seguimos as seguintes etapas:

1. **Escolha de ingredientes**: Começamos selecionando uma variedade de ingredientes que desejamos incluir na salada considerando sabores, cores e texturas diferentes. A criatividade é a chave.
2. **Preparação dos ingredientes**: Devemos lavar, cortar e preparar os ingredientes respeitando a higienização correta como para qualquer alimento. A utilização deve ser de acordo com nossas preferências e o estilo da salada que desejamos criar. A prioridade deve ser a frescura dos ingredientes.

3. **Escolha do molho ou vinagrete:** Preparamos um molho ou vinagrete com base nos sabores que pretendemos destacar. Devemos equilibrar doce, azedo, salgado e picante de acordo com nossa preferência.

Receita de vinagrete de limão e erva-doce

Ingredientes

- 1 dente de alho
- 100 ml de suco de limão galego
- 100 ml de suco de limão siciliano
- 100 ml de azeite de oliva
- Quanto baste de sal
- Quanto baste de pimenta
- Quanto baste de endro ou erva-doce

Modo de preparo

Amasse o alho, pique a erva doce, misture todos os ingredientes e sirva na sequência. Este preparo é uma opção muito eficaz para temperar saladas de folhas e até mesmo salada com frutos do mar. O molho de iogurte é outra opção bem refrescante e pode ser utilizado como base para saladas bem elaboradas. Podemos adicionar ainda picles ralado ou alcaparras para trazer mais acidez, caso você vá consumir com peixes, por exemplo.

Receita de molho de iogurte

Ingredientes
- 220 ml de iogurte natural
- Raspas de 1 unidade de limão siciliano
- Suco de 1 unidade de limão taiti
- Quanto baste de sal
- Quanto baste de pimenta-do-reino branca
- Quanto baste de salsinha

Modo de preparo

Em um recipiente, misture todos os ingredientes até ficar homogêneo, controle a acidez adicionando o suco de limão aos poucos. Sirva na sequência com um *mix* de folhas, tomates cereja, pepinos e outros.

---

4. **Montagem:** Os ingredientes devem ser preparados de forma artística, pensando na combinação de cores, sabores e texturas. Podemos, por exemplo, montar a salada em camadas em um copo ou uma taça transparente, começando com uma base de molho ou vinagrete no fundo. Depois, adicionamos camadas alternadas

de diferentes ingredientes, como folhas verdes, legumes picados, grãos, queijo e nozes, finalizando com uma camada decorativa de ervas frescas, flores ou sementes. O objetivo é criar uma apresentação visualmente atraente, que destaque os ingredientes.

5. **Finalizações criativas**: Adicionar elementos finais para acrescentar sabor e textura, como queijos ralados, ervas frescas, sementes ou frutas é uma etapa importante.
6. **Uso do molho**: No momento de servir, a salada deve ser regada com molho ou vinagrete, mas sem exageros. Misturamos delicadamente para que os sabores combinem-se de maneira harmoniosa. A redução de aceto balsâmico, por exemplo, é muito versátil, podendo ser utilizado em saladas agridoces ou até mesmo para fazer desenhos em pratos, dando um toque sofisticado no empratamento.

Receita de redução de balsâmico

Daniel Taeger/Shutterstock

Ingredientes
- 500 ml de vinagre balsâmico
- 100 g de açúcar

Modo de preparo
Em uma panela média, adicione os dois ingredientes e deixe reduzir até ficar consistente. Você poderá obter uma redução um pouco mais líquida ou também em pontos mais firmes para desenhar em pratos, por exemplo.

As saladas contemporâneas são uma oportunidade para os amantes da culinária explorarem a criatividade e desfrutarem de refeições deliciosas. Elas oferecem a liberdade de experimentar ingredientes e sabores, incentivando uma abordagem inovadora à cozinha (Bez, 2015).

Quando falamos em *saladas*, logo pensamos na refrescância, razão por que o vinagrete de mostarda pode ser uma boa opção para dias quentes acompanhando uma salada que leve ingredientes muito frescos. A proporção perfeita para o molho de salada brilhar: três partes de azeite, uma de ácido e alguns ingredientes aromáticos para complementar.

Como as ervas e as especiarias trazem um toque todo especial para as saladas, conhecê-las é fundamental para criarmos sabores inusitados e marcantes em saladas e molhos. Por isso, a seguir, vamos conhecer um pouco desse universo.

Quando utilizamos a criatividade para montar saladas, podemos transformar um prato simples em uma experiência gastronômica deliciosa e visualmente impressionante. Para isso, procure uma variedade de ingredientes coloridos para adicionar à salada, como uma combinação de vegetais, frutas, ervas e, até mesmo, flores comestíveis para criar uma paleta de cores vibrante e atraente. Também devemos incluir diferentes texturas para aumentar o interesse e a complexidade do prato. Podemos combinar ingredientes crocantes, como nozes ou *croutons*, com ingredientes macios, como queijo ou abacate, para criar uma experiência de mastigação interessante. Sabores contrastantes, como ingredientes doces e salgados, ácidos e terrosos, picantes e suaves, podem ser utilizados para criar uma salada com camadas de sabor complexo. Não devemos ter medo de pensar "fora da caixa" e incorporar ingredientes diferentes às saladas.

A apresentação dos ingredientes também é importante para a elaboração da salada e pode fazer toda a diferença na sua aparência, como cortar e dispor os ingredientes em fatias em espiral, servir vegetais como pepino e abobrinha enrolados, cortados finamente em tiras ou dispostos em camadas.

Criar nossos próprios molhos e vinagretes adiciona um toque de sabor personalizado à salada. Combinar ingredientes como azeite de oliva, vinagre, suco de frutas, ervas frescas, mostarda e mel pode levar a combinações deliciosas e únicas.

Utilizar ingredientes sazonais e regionais para criar saladas que refletem a culinária local e celebram os sabores da estação também é uma decisão diferenciada. Explorar diferentes culinárias e culturas possibilita obter inspiração e ideias para novas combinações de ingredientes e sabores.

> **Mãos à obra**
> Além do vinagrete de limão e erva-doce, da receita indicada por nós, podemos criar outro, de forma rápida e simples, porém não menos saborosa, com azeite, vinagre de vinho, mostarda de Dijon, sal e pimenta-do-reino. Que tal testar as medidas para essa receita e conferir sua habilidade?

2.3 Ervas e especiarias

Ervas aromáticas acrescentam sabor e aroma aos pratos, elevando-os a outro nível de complexidade. Na culinária, poucos ingredientes têm o poder de transformar uma refeição simples em uma experiência sensorial tão enriquecedora quanto as ervas e especiarias. Quando se trata de saladas e molhos, esses ingredientes desempenham papel fundamental na criação de sabores complexos, aromas cativantes e apresentações incríveis. A combinação perfeita de ervas frescas e especiarias selecionadas pode elevar o sabor de uma salada simples a um nível de sofisticação inigualável (Instituto Americano de Culinária, 2014).

As ervas e especiarias são utilizadas há muito tempo, inclusive como medicamentos, aromatizantes de perfumes e como incenso em cerimônias religiosas.

O uso de ervas e especiarias na culinária é ilimitado, desde que sejam utilizadas em proporções corretas. Elas são ricas em óleos essenciais e princípios ativos que lhes conferem propriedades terapêuticas, como melhora da digestão e da absorção de nutrientes (Linguanotto Neto; Freire; Lacerda, 2013).

Não há uma regra para diferenciar ervas e especiarias, mas convencionou-se que as ervas resultam de folhas frescas ou secas e as especiarias são produzidas por meio de flores, frutos, sementes, caules, raízes ou seivas desidratadas (Linguanotto Neto; Freire; Lacerda, 2013).

Conhecer as características organolépticas desses insumos é de suma importância para que os utilizemos corretamente e façamos misturas que surpreendam o paladar. A principal característica que destacamos é o seu sabor, que pode ser adocicado, cítrico, herbáceo, picante, pungente e terroso.

- O sabor **adocicado** está presente em especiaris como canela, cravo-da-índia, anis-estrelado, noz-moscada, pimenta-da-jamaica etc.
- O sabor **cítrico** está presente nas cascas de cítricos, no tomilho-limão, no cardamomo, na semente de coentro etc.
- O sabor **herbáceo** está presente nas ervas, como hortelã, *dill*, manjericão, coentro, tomilho, sálvia, especialmente as frescas, e confere aos alimentos aromas e sabores refrescantes.
- O sabor **picante** é característico dos diferentes tipos de pimentas, como pimenta do reino, pimenta longa e pimentas da família *capsicum*, que são mais picantes.
- O sabor **pungente** é perceptível no gengibre, na galanga, na mostarda, na raiz forte, por exemplo.
- O sabor **terroso** é muito comum na cúrcuma, ou açafrão da terra, e no cominho.

É preciso arriscar nas combinações e criar o seu *mix* de especiarias, mas utilizar as misturas convencionais também pode ajudar na elaboração de sabores.

As especiarias devem ser adquiridas, preferencialmente, inteiras, pois, quando compradas já moídas, perdem facilmente seus princípios ativos por serem voláteis.

O cuidado com o armazenamento de ervas e especiarias deve ser observado, a fim de preservar o seu aroma e o seu sabor. O ideal é armazená-las em local seco, a uma temperatura constante próxima aos 20 °C e abrigadas da luz. Vale ressaltar que a cocção prolongada pode modificar o sabor das ervas e especiarias, especialmente, das ervas frescas, que perdem seu frescor (Linguanotto Neto; Freire; Lacerda, 2013).

A seguir, apresentamos algumas ervas e especiarias – como açafrão, alecrim, aniz-estrelado, capim-limão, canelam cúrcuma, entre outras – e sugestões de combinações destas com ingredientes de saladas e molhos.

Encontrado em pistilo ou em pó, o **açafrão** é uma das especiarias mais caras. De cor dourada, aroma marinho e sabor amargo discreto, pode ser utilizado em preparações doces ou salgadas e, preferencialmente, deve ser acrescentado a ingredientes de cor clara, como leite, molhos brancos, creme de leite, leite de coco, a fim de que sua cor seja preservada.

A Figura 2.10, adiante, ilustra a flor do açafrão. A cor das pétalas é púrpura e a dos pistilos, vermelho-alaranjado. Os pistilos são a parte do açafrão utilizada como especiaria. Cada flor contém apenas três pistilos, que devem ser colhidos manualmente, o que torna o processo extremamente trabalhoso e caro. Para produzir apenas uma libra (cerca de 450 gramas) de açafrão-seco, são necessárias cerca de 75 mil flores, o que ilustra a raridade e o valor dessa especiaria.

Após a colheita manual dos pistilos, eles são cuidadosamente separados das flores e secos para preservar seu sabor e seu aroma. O processo de secagem geralmente é feito em locais escuros e bem ventilados para evitar a deterioração da qualidade do açafrão. Uma vez secos, os pistilos são embalados e estão prontos para uso culinário.

O açafrão é apreciado não apenas por seu sabor distinto e seu aroma floral, mas também por suas propriedades de coloração. Ele confere às receitas uma cor amarelo-dourada intensa e é, frequentemente, usado em pratos como risotos, *paellas*, sopas, molhos e sobremesas.

Figura 2.10 – Açafrão

O **açafrão-da-terra**, também conhecido como ***cúrcuma***, tem coloração dourada e sabor levemente amargo. Encontrado em pó ou *in natura*, como vemos na Figura 2.11, ele também é utilizado para dar cor a preparações como arroz, cremes, molhos maioneses e massas.

Figura 2.11 – Açafrão-da-terra, ou cúrcuma, *in natura* e em pó

Photoongraphy/Shutterstock

Utilizado fresco ou em sementes, o **aipo**, também conhecido como *salsão*, tem sabor levemente cítrico e é utilizado no preparo de caldos, molhos, sopas e como tempero de saladas.

Figura 2.12 – Aipo ou salsão

Pixel-Shot/Shutterstock

Erva muito aromática, o **alecrim** é utilizado para preparar aves, pães, peixes, molhos e aromatizar azeites. Assim como outras ervas, ele pode ser encontrado fresco ou seco. O alecrim fresco tem um sabor mais pronunciado e aromático do que o alecrim seco. Suas folhas têm uma fragrância fresca, com notas de pinho e eucalipto. O alecrim seco, por sua vez, tende a ter um sabor mais concentrado e menos complexo do que o fresco. Seu aroma pode ser mais sutil e menos intenso devido ao processo de secagem. Com relação ao sabor, o alecrim fresco, por ter maior quantidade de água, pode fornecer um sabor mais suave e equilibrado às preparações culinárias. Já o alecrim seco, por ser mais concentrado, requer uma quantidade menor para alcançar o mesmo nível de sabor do fresco. É importante usar com moderação, pois pode facilmente dominar o sabor de um prato.

O alecrim fresco é ideal para uso em marinadas, temperos de carnes, aves e peixes, molhos, saladas, sopas e guarnições. Suas folhas podem ser picadas ou usadas inteiras em preparações culinárias. O alecrim seco é usado em receitas que exigem longos períodos de cozimento, como ensopados, assados, molhos e pratos de cozimento lento. Ele é, muitas vezes, adicionado ao início do processo de cozimento para permitir que seu sabor se desenvolva completamente.

Figura 2.13 – Alecrim

GSDesign/Shutterstock

Ilustrado na Figura 2.14, o **anato**, mais conhecido como *urucum*, tem sabor levemente terroso e uma capacidade colorífica bem maior do que como tempero. É utilizado para colorir queijos, molhos e purês.

Figura 2.14 – Anato

Com sabor doce e aroma semelhante ao da erva-doce, o **anis-estrelado** pode ser utilizado em preparações doces e salgadas. Essa especiaria harmoniza muito bem com molhos de tomate. O anis-estrelado pode ser utilizado em preparações doces como arroz doce, compotas e geleias, sobremesas, frutas assadas, bolos e biscoitos, entre outros. Em preparações salgadas, pode ser utilizado em marinadas, sopas, molhos, legumes assados, *chutneys* e conservas.

Como sugere o nome, esse fruto tem forma de estrela, e no interior de cada "ponta" da estrela existe uma semente, como vemos na Figura 2.15, podendo ser usado inteiro ou moído.

Figura 2.15 – Anis-estrelado

Utilizada tanto em preparações doces como em salgadas, a **canela** pode ser usada em compotas, conservas e para aromatizar azeites. É bem aceita com frutas, especialmente banana, maçã e ameixa. Tanto a canela em rama quanto a canela em pó são derivadas da casca interna da árvore de canela (*Cinnamomum verum* ou *Cinnamomum cassia*), mas são utilizadas de maneiras diferentes na culinária devido às suas características distintas.

A canela em rama é formada por pedaços de casca de canela enrolada em forma de tubos. Com uma textura mais dura e fibrosa em comparação à canela em pó, seu sabor e seu aroma são delicados e sutis, mais suaves e menos pronunciados do que a canela em pó. A canela em rama é frequentemente utilizada em infusões, como chás, cidras quentes, licores e xaropes. Ela é adicionada durante o processo de fervura para extrair seus sabores e aromas de forma mais suave, sendo ideal para pratos de cozimento lento, como guisados, molhos, caldos e ensopados. Ela é adicionada durante o cozimento para permitir que seu sabor se desenvolva gradualmente ao longo do tempo.

A canela em pó, por sua vez, é a casca de canela em rama moída em um pó fino. Com textura suave e sabor mais concentrado e intenso em comparação à canela em rama, ela é amplamente utilizada em receitas de panificação, como bolos, tortas, biscoitos, *muffins* e pães, adicionada diretamente à massa ou ao recheio para dar sabor e aroma. Ela também é um ingrediente popular em sobremesas e doces, como pudins, cremes, sorvetes, compotas e cereais matinais, pois adiciona um toque de doçura às preparações.

Em preparações salgadas, a canela em pó é frequentemente utilizada em temperos e condimentos para pratos como *curries*[1], marinadas de carne e pratos de arroz.

Figura 2.16 – Canela moída e em rama

Com sabor cítrico e refrescante, com notas de limão, o **capim-limão** pode ser utilizado em saladas, compotas e para aromatizar preparações doces.

---

1   *Curries* são uma mistura de várias especiarias que podem variar de acordo com a região e a preferência pessoal. Algumas das especiarias comuns usadas nessa mistura incluem cúrcuma, coentro, cominho, gengibre, pimenta, canela, cravo, cardamomo, entre outras. Cada mistura pode ter uma combinação única de especiarias, resultando em diferentes perfis de sabor e níveis de calor.

Conhecido também como *capim-santo*, suas folhas longas e estreitas, semelhantes a fitas, têm uma textura áspera e uma cor verde brilhante. Elas crescem em aglomerados e podem atingir até um metro de altura. Amplamente utilizado na culinária asiática, especialmente na tailandesa e na vietnamita, para aromatizar pratos como sopas, *curries*, ensopados, marinadas e chás, suas folhas são adicionadas inteiras aos pratos e removidas antes de servir.

Figura 2.17 – Capim-limão

Preste atenção!

Embora o capim-limão (*Cymbopogon citratus*) e a erva-cidreira (*Melissa officinalis*) sejam, frequentemente, confundidos devido às semelhanças em seus nomes e usos, elas são plantas diferentes e com características distintas. A **erva-cidreira**, planta perene pertencente à família das mentas, nativa da Europa e do Mediterrâneo, tem folhas pequenas e ovais, com bordas serrilhadas e uma textura macia, que crescem em hastes eretas, atingindo cerca de 60 centímetros de altura. Seu sabor é suave e delicado, com notas de limão e menta. Seu aroma é fresco e cítrico. É utilizada na culinária, principalmente, como erva aromática e infusão. Suas folhas, frescas ou secas, podem ser usadas para aromatizar saladas, peixes, aves, molhos, sobremesas e bebidas, como chás e licores.

Especiaria cara, o **cardamomo**, preferencialmente, deve ser torrado levemente antes de ser utilizado para realçar o aroma de suas sementes. Para utilizar essa especiaria, é preciso retirá-la da cápsula, em cujo interior estão as sementes. Harmoniza muito bem com leite de coco e pode ser utilizado em molhos agridoces e *chutneys*.

Figura 2.18 – Cardamomo

Visualmente muito semelhante à salsinha, mas com sabor bem diferente, o **coentro** pode ser encontrado fresco, em grãos ou em pó.

Ele confere sabor refrescante a saladas e molhos, mas deve ser utilizado com cautela, pois tem um sabor bastante pronunciado. Para aqueles que não estão acostumados com seu sabor, pode parecer muito forte e dominante em uma preparação culinária. Além do sabor, o aroma do coentro também pode ser desagradável para algumas pessoas, evocando associações negativas com cheiros de sabonete, inseticidas ou mofo, não sendo adequado para todos os tipos de pratos. Algumas preparações culinárias podem ser facilmente sobrecarregadas pelo sabor do coentro, alterando o equilíbrio dos sabores.

Figura 2.19 – Coentro

Com aroma forte, encontrado em grãos ou em pó, o **cominho** é utilizado, por exemplo, no preparo do barreado, prato típico do litoral paranaense, do chucrute alemão e do *chilli* mexicano. Harmoniza bem com berinjela, feijão, ervilhas, batatas e carnes como peixes, aves, porco e cordeiro.

Figura 2.20 – Cominho

Com sabor doce e ao mesmo tempo pungente, o **cravo-da-índia** pode ser utilizado em preparações doces e salgadas, inteiro ou moído. Combina muito bem com abóbora, beterraba, batata-doce, carne de porco, cordeiro e carnes de caça. O cravo-da-índia é uma especiaria versátil e aromática que pode ser utilizada de diversas maneiras em preparações culinárias para adicionar sabor e aroma, como chás, marinadas, molhos, caldas, xaropes e bebidas.

Em marinadas, pode ser usado para temperar carnes que serão assadas, cozidas ou grelhadas, como carne de porco, cordeiro, pato ou frango, e também pode ser inserido nos cortes de carne antes de assar ou cozinhar para infundir sabor.

Alguns cravos-da-índia podem, também, ser adicionados ao arroz ou a outros grãos durante o cozimento para dar um toque de sabor e aroma, especialmente em pratos de arroz de inspiração indiana ou árabe.

Em receitas de sobremesa, como bolos, tortas, pudins, compotas e conservas, ele pode ser adicionado diretamente à massa ou ao recheio para dar sabor e aroma, bem como à calda de frutas ou a xaropes.

O cravo-da-índia pode ser utilizado também em bebidas alcoólicas, como licores, coquetéis, vinho-quente e ponche, adicionado diretamente à bebida ou infundido em álcool para extrair sabor e aroma.

Ao utilizá-lo em preparações culinárias, é importante lembrar que seu sabor é bastante forte e concentrado. Recomenda-se, portanto, usar com moderação para evitar sobrecarregar o prato.

Figura 2.21 – Cravo-da-índia

Intarawat/Shutterstock

Encontrado fresco ou em sementes, com aroma e sabor refrescante, o **endro**, ou *dill*, pode ser utilizado com carnes e com vegetais. Combina muito bem com molhos à base de iogurte, como o da receita da seção anterior.

Figura 2.22 – Endro fresco

Jurga Jot/Shutterstock

De aroma doce e fresco, as folhas do **estragão** são verde-escuras e podem ser utilizadas, frescas ou secas, em saladas, com batatas e no molho de mostarda e mel.

Figura 2.23 – Estragão

SaGa Studio/Shutterstock

A **hortelã** é uma erva versátil, com aroma fresco e suave. Pode ser utilizada como tempero em saladas, para fazer molhos e aromatizar azeites e cremes. É muito utilizada na cozinha libanesa.

Figura 2.24 – Hortelã

Muito utilizadas na culinária tailandesa, as folhas da árvore de **limão kaffir** são bastante aromáticas e lembram uma mistura de limão e laranja. As folhas frescas podem ser acrescentadas em saladas ou utilizadas para aromatizar *curries* e perfumar diferentes pratos.

Figura 2.25 – Limão *kaffir* e suas folhas

Uma das ervas mais queridas e utilizadas por cozinheiros do mundo todo, o **manjericão** é muito aromático e combina com azeites, manteigas, molhos, massas etc. O *pesto* genovês é um molho clássico preparado com folhas frescas de manjericão, além de azeite, queijo e oleaginosas.

Figura 2.26 – Manjericão

Encontrada fresca ou seca, a **manjerona** tem sabor suave, muito semelhante ao orégano, porém mais suave. Pode ser utilizada para temperar embutidos, preparar saladas, molhos, azeites, massas etc.

Figura 2.27 – Manjerona

Em três variedades de sementes utilizadas na culinária – preta, castanha e branca, ou amarela –, a **mostarda** pode ser utilizada em conservas, saladas e molhos, quando inteira. Pode ser acrescida, por exemplo, em preparações com beterraba, repolho e diferentes tipos de carne.

O molho de mostarda conhecido como *Dijon* (ou *de Dijon*, cidade francesa onde surgiu) é feito por meio de sementes marrons, vinagre ou vinho branco, sal, especiarias e sucos ácidos. Já a mostarda *l'ancienne* (à moda antiga, em francês) é um molho preparado apenas com a maceração das sementes, o que o deixa mais crocante.

Figura 2.28 – Molho de mostarda e grãos de mostarda

Receita de molho de mostarda e mel

O molho mostarda e mel é perfeito para saladas e para consumir com proteínas, como frango e carne suína, pois traz aquele agridoce bem especial. O mel também pode ser substituído por melado como um diferencial.

Ingredientes
- 50 ml de mel
- 50 ml de mostarda de Dijon
- 15 g de mostarda *l'ancienne*
- 50 ml de vinagre branco
- 20 ml de azeite de oliva
- 1 dente de alho
- Pimenta-do-reino

Modo de preparo
Misture todos os ingredientes com a ajuda de um mixer. Caso não tenha o mixer, pode bater todos os ingredientes no liquidificador ou mesmo de forma manual. Misture até ficar homogêneo e está pronto. Você pode adicionar raspas de limão na finalização e servir com uma salada deliciosa. Também é possível substituir o vinagre por suco de limão como integrante de acidez do molho.

De origem europeia, o **orégano** ficou mais conhecido pelo seu uso em pizzas, mas pode ser acrescido na preparação de molhos, azeites e saladas. Quando seco, seu sabor é mais intenso do que quando utilizado fresco.

Figura 2.29 – Orégano

Dionisvera/Shutterstock

Feita por meio da desidratação e da moagem de pimentões e pimentas, a **páprica** pode ser encontrada em três variedades: doce, picante e defumada. A páprica doce é obtida por meio da secagem de uma espécie de pimentão-doce. A páprica picante é preparada pelo mesmo processo de secagem e moagem, porém o pimentão utilizado contém uma pequena quantidade de capsaicina, que confere o sabor picante às pimentas. Já a páprica defumada passa por um processo de defumação antes da moagem. Todos os tipos podem ser utilizados para conferir cor e sabor às preparações. A sugestão de uso é em embutidos, massas, cremes, purês, molhos, carnes e saladas.

Figura 2.30 – Páprica em pó

A **pimenta calabresa**, forma desidratada da **pimenta dedo-de-moça**, tem uma ardência média, podendo ser utilizada em molhos, azeites, carnes, cremes, *chutneys*, entre outros. É muito utilizada em pratos de origens mexicana e italiana.

Figura 2.31 – Pimenta dedo-de-moça

O molho de laranja agridoce é um exemplo de uso da pimenta dedo-de-moça e pode ser utilizado em proteínas suínas ou até mesmo em carne de pato, pois traz contraste com a untuosidade de preparos que são mais gordurosos.

Receita de molho de laranja agridoce

Ingredientes

- 250 ml de suco de laranja
- ½ unidade de cebola
- 1 dente de alho
- 1 colher de sopa de manteiga
- ½ unidade de pimenta dedo-de-moça s/ sementes
- Quanto baste de sal
- 1 colher de sopa de açúcar
- Quanto baste de azeite de oliva

Modo de preparo

Em uma panela, doure a cebola e o alho com um fio de azeite de oliva. Na sequência, adicione o suco de laranja, o açúcar e a pimenta dedo-de-moça. Deixe reduzir até ficar mais consistente (provavelmente, reduzirá pela metade do conteúdo inicial), desligue e finalize com a manteiga para dar brilho ao molho.

Fruto da aroeira, uma árvore nativa da América do Sul, o aroma da **pimenta rosa** é levemente doce e picante. É muito utilizada para finalização de saladas, arroz e massas, mas vai bem também em sopas, carnes e queijos. Pode ser utilizada, inclusive, em molhos adocicados preparados com frutas cítricas. Seu uso deve ser em pequena quantidade, pois pode causar efeitos nocivos.

Figura 2.32 – Pimenta rosa

Jobz Fotografia/Shutterstock

Nativa das Américas do Sul e Central, a **pimenta-da-jamaica** é muito aromática e de sabor complexo, que lembra uma mistura levemente picante de cravo, canela e noz-moscada. Pode ser encontrada em grão ou moída. Quando em grão, pode ser utilizada em sopas, molhos, marinadas, conservas etc. e, quando moída, pode ser acrescentada em molhos, doces, compotas, bolos, carnes etc.

Figura 2.33 – Pimenta-da-Jamaica

Maryia_K/Shutterstock

Uma das especiarias mais populares do mundo, a **pimenta-do-reino** é nativa da Índia, seu maior produtor mundial, e é encontrada em três variedades: verde, preta ou branca. A pimenta-do-reino verde é encontrada em salmouras e utilizada no preparo de molhos como o *poivre vert* e em carnes. A pimenta branca é o fruto colhido maduro, lavado, cuja casca é retirada para uso do grão. Quando seca ao sol, fica na coloração preta. Com ardência bem leve, é utilizada como tempero em compotas de frutas, molhos, cremes, saladas, entre outros.

Considerada a erva mais popular do mundo e utilizada há milhares de anos, atualmente a **salsa** é cultivada em diferentes partes do planeta. Com sabor suave, pode ser utilizada para decorar pratos e para realçar preparações salgadas. As possibilidades de uso são variadas, como em manteigas aromáticas, azeites, molhos, carnes, aves, peixes, finalização de canapés e de outros pratos.

Figura 2.34 – Salsa

Erva nativa da costa norte do Mediterrâneo, a **sálvia** tem aroma agradável, porém mais forte quando a erva está seca. Pode ser utilizada para temperar carnes de aves, porco e carneiro, e combina bem com berinjela e tomates.

Figura 2.35 – Sálvia

Encontrado fresco ou seco, o **tomilho** é utilizado com legumes, ensopados, carnes, molhos, azeites e diversos outros preparos.

Figura 2.36 – Tomilho

O sal aromatizado é um exemplo dos possíveis usos de ervas e especiarias e uma ótima opção para temperarmos proteínas e outros pratos na cozinha porque, além de ser muito prático para o dia a dia, é bastante versátil nas preparações.

Receita de sal aromatizado

Ingredientes

- 1 kg de sal marinho
- ½ xícara de tomilho limão
- ½ xícara de salsinha
- ½ xícara de cebolinha
- ¼ xícara de alecrim
- 2 limões siciliano
- 1 colher de sopa de cúrcuma
- 1 cabeça de alho
- 1/3 xícara de sálvia
- 1 colher de sopa pimenta-do-reino preta
- 1 colher de sopa de páprica doce

Modo de preparo

Em um processador, bata todos os ingredientes até formar um sal fino e temperado. Armazene em uma embalagem hermética e utilize para temperar diferentes tipos de preparos.

Além dessas ervas e especiarias, existem muitas outras que podem ser exploradas e testadas na culinária; portanto, podemos criar e experimentar novas combinações e sabores. Para investigar novas combinações, o ideal é aquecer a mistura com uma preparação de sabor neutro, com cremosidade e untuosidade para testar o sabor, como purês de tubérculos, manteigas e azeites.

O próximo tema é o preparo de azeites aromatizados, que podem realçar ainda mais o sabor de saladas e outras preparações.

2.4 Azeites aromatizados

Os azeites aromatizados são um elo entre os ingredientes de uma preparação e, por isso, realçam sabores e conferem textura sedosa aos pratos. Eles acrescentam um diferencial na cozinha, especialmente para grelhar proteínas, utilizar como base para vinagretes, emulsões e também para aromatizar *confits*.

Eles podem ser preparados com ingredientes como ervas frescas, alho, pimenta, frutas cítricas e pimentas picantes, que infundem uma variedade de sabores e aromas que transformam qualquer prato.

Apresentaremos, a seguir, a infusão a frio e a infusão a quente para criar diferentes tipos de azeites que enriquecerão desde saladas simples até preparações mais elaboradas.

A preparação de azeites aromatizados é extremamente simples. Os únicos cuidados a serem tomados é com relação à quantidade de especiarias e ervas adicionadas ao azeite e sua temperatura, quando a infusão for feita a quente.

Não devemos colocar mais do que três ervas ou especiarias no azeite aromatizado, pois muita mistura pode prejudicar o sabor e diminuir a extração das propriedades das ervas e das especiarias escolhidas (Tozzo, 2016).

Os azeites podem ser preparados tanto por infusão a frio como por infusão a quente. Independentemente do método escolhido, é importante usar ingredientes frescos e de alta qualidade para garantir o melhor sabor e aroma possível no azeite aromatizado.

> **Fique atento!**
> Na infusão a quente, mais rápida, o calor do processo ajuda a acelerar a liberação dos óleos essenciais e compostos aromáticos dos ingredientes para o azeite. A exposição ao calor, entretanto, pode causar perda de sabor e aroma, alterando a composição química do azeite. Na infusão a frio, os óleos essenciais e compostos

aromáticos dos ingredientes se dissolvem lentamente no azeite. Apesar de mais lento, o processo torna o azeite aromatizado mais delicado e sutil, preservando melhor os sabores e aromas naturais dos ingredientes. Esse método é ideal para ingredientes mais delicados, como ervas frescas, flores ou cascas cítricas.

Ambos os métodos de infusão podem produzir azeites aromatizados deliciosos, mas é importante ter em mente que a infusão a frio tende a preservar melhor os sabores naturais dos ingredientes, enquanto a infusão a quente pode resultar em sabores mais intensos e imediatos.

2.4.1 Infusão a frio

Na infusão a frio, as ervas que pretendemos utilizar devem ser bem lavadas e secas e colocadas em um recipiente. Em seguida, acrescentamos as especiarias secas de nossa preferência e um pouco do azeite. Com o auxílio de um pilão, vamos macerando as folhas e as especiarias. Aos poucos, acrescentamos mais azeite. Ao final, armazenamos o conteúdo em um vidro escuro por, aproximadamente, duas semanas. Passado esse tempo, o azeite deve ser coado e utilizado em 30 dias (Tozzo, 2016).

Receita de azeite aromatizado com alecrim e açafrão (infusão a frio)

Ingredientes

- 200 ml de azeite de oliva extravirgem
- 25 g de açafrão da terra em pó
- 2 g de pimenta do reino moída na hora
- 40 g de ramos frescos de alecrim.

Modo de preparo

Lave bem e seque os ramos de alecrim. Em um pilão, coloque as folhas do alecrim, o açafrão e a pimenta do reino moída. Acrescente um pouco de azeite e vá macerando a erva e as especiarias. Acrescente o azeite aos poucos e continue o processo. Assim que colocar todo o azeite, transfira a mistura para um vidro escuro e armazene em local seco por até duas semanas. Após esse tempo, coe e utilize.

2.4.2 Infusão a quente

Como já ressaltamos, o cuidado com a temperatura do azeite é fundamental durante o processo de infusão a quente. É essencial que as ervas e as especiarias frescas sejam lavadas e secas antes de serem utilizadas, pois podem umedecer o azeite e favorecer o aparecimento de fungos e bolores.

Deve-se aquecer o azeite a uma temperatura de, no máximo, 80 °C, desligar o fogo e acrescentar imediatamente as ervas e as especiarias desejadas. O aquecimento do azeite também pode ser feito em banho-maria. Quando a infusão esfriar, deve ser armazenada em vidro escuro por, aproximadamente, duas semanas. Após esse período, coa-se o azeite (se desejar) e ele já pode ser utilizado. (Tozzo, 2016).

Depois de conhecer as técnicas que podem ser aplicadas para preparar azeites aromatizados, você pode preparar seus próprios azeites e utilizá-los para dar um toque especial em saladas e preparações.

> **Para saber mais**
> Para aprofundar seu conhecimento sobre os temas deste capítulo, sugerimos a leitura do livro *Adoro salada*, de David Bez. O autor ensina diferentes tipos de saladas de acordo com a sazonalidade e sugere molhos e temperos. Há também a indicação de utensílios e

de variações na composição de saladas, com sugestões para todos os paladares, para diferentes públicos e tipos de alimentação.

BEZ, D. **Adoro salada:** 260 receitas saudáveis e variadas para fazer em até 20 minutos. Tradução de Andrea Martins. São Paulo: Publifolha, 2015.

Síntese

Neste capítulo, exploramos diversos elementos culinários que enriquecem nossas refeições e elevam o sabor à excelência.

Começamos com a higienização de saladas, etapa essencial na preparação de pratos saudáveis e seguros, apresentando técnicas e práticas recomendadas para lavar e higienizar hortaliças, legumes e frutas, garantindo assim que a saúde e o bem-estar dos comensais sejam prioridade.

Em seguida, tratamos das saladas clássicas e contemporâneas, explorando o contraste entre a tradição e a inovação na culinária.

Apresentamos as principais ervas e especiarias, que são ingredientes aromáticos transformadores em uma preparação e que dão profundidade e complexidade únicas aos sabores. Explicamos como usá-las com sabedoria para aprimorar o sabor das saladas e molhos.

Em seguida, mergulhamos no mundo dos azeites aromatizados, que oferecem uma maneira sutil, mas significativa, de realçar o sabor de diferentes preparações, entre elas as saladas. Vimos técnicas para infundir azeites com ervas, alho, pimenta e outros aromas, transformando um óleo simples em uma ferramenta culinária versátil.

Por fim, explicamos a técnica culinária de preparo de azeite aromatizado a baixas temperaturas.

Questões para revisão

1. Quais as três etapas para a higienização de verduras, frutas e legumes?
2. As saladas podem ser preparadas com diferentes tipos de folhas. Assinale a alternativa que indica corretamente quais dessas folhas seriam utilizadas para preparar uma salada com folhas picantes:
   a) Alface, radicchio e escarola.
   b) Radicchio, rúcula e acelga.
   c) Mostarda, rúcula e agrião.
   d) Repolho, radicchio e rúcula.
   e) Agrião, alface e repolho.

3. As saladas clássicas são atemporais e estão presentes em muitos menus. Assinale a alternativa que indica um exemplo de salada clássicas:
   a) Aurora.
   b) Panzanella.
   c) Vinagrete.
   d) Aioli.
   e) Picles.

4. Assinale a alternativa que indica exemplos de ervas frescas:
   a) Cominho em grão e açafrão.
   b) Canela em pó e cravo.
   c) Anis-estrelado e pimenta rosa.
   d) Hortelã e pimenta-do-reino.
   e) Salsinha e manjericão.

5. Qual a temperatura correta para preparar um azeite aromatizado utilizando a técnica de infusão a quente?

Questões para reflexão

1. Como sabemos, as receitas atemporais e os ingredientes tradicionais das salas clássicas são apreciados em todo o mundo. Essa valorização das saladas clássicas estaria limitando a nossa criatividade na cozinha? Como podemos equilibrar a reverência pela tradição com a busca de novas interpretações e combinações de ingredientes, a fim de manter a culinária vibrante e emocionante? Registre sua resposta em um texto escrito e compartilhe com seu grupo de estudo.
2. Imagine-se como responsável pelo setor de cozinha fria de um restaurante contemporâneo que, para inovar e oferecer pratos saborosos e surpreendentes, decidiu explorar a técnica de *confit* e ir além das aplicações tradicionais. Para oferecer aos clientes sabores ricos e texturas macias com opções sazonais e regionais, quais ingredientes seriam utilizados? Quais ervas ou especiarias fariam parte dessa composição de sabores? Organize suas ideias em um texto escrito e compartilhe com seu grupo de estudo.

Capítulo 3

Preparo de molhos e de manteigas compostas

Ana Lucia Eckert

Conteúdos do capítulo
- Molhos frios emulsionados.
- Molhos à base de manteiga.
- *Coulis, chutneys* e manteigas compostas.

Após o estudo deste capítulo, você será capaz de:
1. identificar e elaborar os diferentes tipos de emulsões;
2. determinar as proporções para o preparo de vinagretes;
3. preparar molhos clássicos com manteiga;
4. preparar manteiga clarificada e manteigas compostas;
5. preparar e utilizar *coulis* e *chutney*.

3.1 Molhos frios emulsionados

Os molhos para acompanhar saladas e outros preparos podem ser frios ou quentes e têm como finalidade acompanhar e realçar um alimento. Molhos emulsionados resultam de misturas coloidais que consistem em duas substâncias que, em circunstâncias normais, não se misturariam facilmente, como o óleo e a água. As emulsões são uma parte fundamental da culinária e da química dos alimentos e desempenham papel essencial na criação de uma ampla variedade de saladas, pratos e produtos alimentícios. Apesar de sua aparência ser uma única fase homogênea, as emulsões são, na verdade, sistemas complexos nos quais pequenas gotículas de uma substância estão dispersas em outra (Barreto, 2000).

Preste atenção!
Misturas coloidais são misturas nas quais as partículas dispersas têm um tamanho intermediário entre as partículas de uma solução e as de uma suspensão. As partículas dispersas são maiores do que as moléculas de uma solução, mas menores do que as partículas de uma suspensão. Exemplos comuns de misturas coloidais incluem emulsões (como a maionese, onde gotículas de óleo estão dispersas em água) e géis (coloides sólidos, como gelatina, em que partículas sólidas estão dispersas em líquido). As misturas coloidais desempenham um papel importante em uma ampla variedade de aplicações, incluindo os alimentos.

Os molhos produzidos por meio dessas misturas podem resultar em emulsões instáveis ou temporárias e/ou emulsões estáveis ou permanentes. O processo é preparado com aplicação de força mecânica, utilizando-se batedor (*fouet*), liquidificador ou *mixer*. Durante o preparo, a estrutura molecular dos ingredientes é quebrada em pequenas partículas (Eckert, 2016).

A emulsão instável, ou temporária, é aquela que, após a mistura de óleo ou azeite com outros líquidos por meio de ação mecânica, permanece por pouco tempo, e a separação do óleo e do líquido pode ser observada.

Os vinagretes são os principais exemplos desse tipo de emulsão. Além da utilização em saladas, eles podem ser acrescidos em marinadas e para acompanhar alimentos grelhados, frios ou aquecidos. No Brasil, chamamos de *vinagrete* a salada preparada com tomates picados, cebolas e outros ingredientes, mas, na cozinha fria, *vinagrete* é a mistura de óleo ou azeite com vinagre ou outro ingrediente ácido, sal e pimenta (Instituto Americano de Culinária, 2014).

Geralmente, o molho leva o nome do ácido utilizado no preparo, como vinagrete de mostarda, vinagrete de frutas vermelhas, vinagrete de manga etc. É possível acrescentar ervas frescas, condimentos e purês de frutas ou legumes. Para um vinagrete equilibrado, a proporção mais utilizada é a de três partes de óleo para uma parte de ácido e o sabor ácido deve predominar sobre o sabor do óleo (Eckert, 2016).

Figura 3.1 – Emulsão instável – vinagrete

Elena Veselova/Shutterstock

A emulsão estável, ou *permanente*, mantém sua estrutura depois de preparada, como é o caso, por exemplo, da maionese e do molho *holandaise*. A combinação de gemas, óleo e ácido resulta em uma mistura estável devido ao emulsificante presente na gema do ovo, a lecitina, que permite que as moléculas de água e de gordura permaneçam estáveis.

De acordo com Eckert (2016), a proporção utilizada é de 180 a 240 ml de óleo para cada gema. É possível preparar outros molhos à base de maionese, como molho aioli, molho de ervas e molho tártaro, entre outros.

Figura 3.2 – Emulsão estável

Na próxima seção, abordaremos os molhos emulsionados à base de manteiga.

3.2 Molhos à base de manteiga

Os molhos à base de manteiga são molhos leves e emulsionados com gemas e manteiga clarificada, que é conhecida na cozinha indiana como manteiga *ghee*.

Para preparar a manteiga clarificada, basta colocá-la em uma panela de fundo grosso, em fogo baixo, e deixá-la derreter lentamente. Com o auxílio de uma colher ou escumadeira, retiramos a espuma que se forma até que sobre apenas a gordura, como vemos na Figura 3.3. Essa técnica permite que a manteiga dure mais tempo sem ficar rançosa e possa ser aquecida em temperaturas mais altas (Wright; Treuille, 2012).

Figura 3.3 – Manteiga clarificada

Quanto mais tempo no fogo, mais a manteiga vai adquirindo uma coloração mais escura e um sabor acentuado, lembrando avelãs. A manteiga *noisette*, que significa "avelã" em francês, é muito utilizada tanto em preparações doces quanto em salgadas, e é uma manteiga clarificada de cor levemente marrom.

Em preparações doces, a manteiga *noise* é utilizada no *financier*, que é um pequeno bolo francês, em cremes e crepes. Nas preparações salgadas, pode ser utilizada em emulsões, molhos, para grelhar carnes e saltear legumes.

Como exemplos de molhos preparados à base de manteiga, temos dois clássicos da cozinha francesa: o molho *hollandaise* (holandês, na língua francesa) e o molho *béarnaise* (do francês, nascido em Bearn), ilustrados a seguir.

Esses molhos devem ser servidos quentes e acompanham, muito bem, legumes e carnes grelhadas. O que diferencia o molho *hollandaise* do molho *béarnaise* são os condimentos acrescentados durante o preparo (Wright, 2012).

Receita de molho *hollandaise*

Ingredientes
- 3 gemas
- 3 colheres de sopa de água quente
- Aproximadamente 175 g de manteiga clarificada morna
- Sal e pimenta branca a gosto
- Gotas de limão a gosto

Modo de preparo
Coloque as gemas e a água quente em uma panela ou em uma tigela. Leve a panela ao fogo bem baixo ou utilize a tigela em banho-maria. Inicie batendo as gemas com a água quente até emulsificar. Depois, vá acrescentando a manteiga clarificada morna aos poucos e bata vigorosamente. Em seguida, acrescente sal, pimenta e gotas de limão.

O molho *hollandaise* tem sabor suave e delicado, e o molho *béarnaise* é mais intenso e picante, pois é preparado com pimenta-do-reino, cebolas, estragão, vinagre de vinho e pimenta caiena (Wright; Treuille, 2012).

Alguns cuidados devem ser tomados ao preparar esses molhos: a manteiga deve ser acrescentada aos poucos; a panela não pode estar muito quente e o fogo não pode estar muito alto.

Receita de molho *béarnaise*

Ingredientes
- 4 cebolas roxas pequenas picadas
- 2 colheres de sopa de estragão fresco picado
- 1 raminho de tomilho
- 1 folha de louro
- 4 colheres de sopa de vinagre de vinho branco
- 4 colheres de sopa de vinho branco
- 2 gemas
- 125 g de manteiga gelada em pedacinhos
- 1 limão
- Sal e pimenta em grão (quebrada) a gosto

Modo de preparo

Leve ao fogo, em uma panela pequena, a cebola, a pimenta, 1 colher (sopa) de estragão, o tomilho, a folha de louro, o vinho branco, o vinagre e o sal. Deixe reduzir o líquido até que sobre apenas 1 colher de sopa. Peneire. Em uma panela ou tigela, misture as gemas com o líquido reduzido. Leve ao banho-maria e, sempre batendo, acrescente aos poucos a manteiga em pedacinhos, até que forme um molho consistente. Retire do fogo e acrescente o restante de estragão e gotas de limão. Sirva e espere os elogios.

Fonte: Anquier, 2024.

A seguir, trataremos sobre o preparo e a utilização de outro molho para saladas e sobremesas: o *coulis*.

3.3 *Coulis*

O preparo de purês de frutas ou de legumes é chamado de *coulis*. Esse molho contemporâneo pode ser finalizado com creme de leite ou manteiga e servido quente ou frio (Eckert, 2016).

Coulis de tomate, de pimentão assado, de ervas e de frutas quentes são exemplos de *coulins* servidos quentes. *Coulins* de framboesa, de morango, de manga, de maracujá e de ervas frescas são servidos frios.

Esses preparos também podem ser utilizados para espelhar o prato em porções individuais ou serem servidos com carnes e saladas.

Figura 3.4 – *Coulis* de framboesa servido com crepe de *chantilly* e morango

Preste atenção!
Geleia e purê de frutas são produtos feitos a partir de frutas, mas têm diferentes texturas, consistências e métodos de preparo. A geleia é uma mistura espessa e viscosa de frutas cozidas com açúcar, filtrada para remover qualquer polpa ou casca sólida da fruta, resultando em uma textura lisa e gelatinosa. Sua consistência é uniforme e espalhável, facilmente, sobre torradas, bolos ou outros alimentos. O purê de frutas é uma mistura mais espessa e densa de frutas cozidas ou processadas até formar uma consistência suave e homogênea. Pode conter polpa, pele e sementes da fruta, dependendo da preferência e do método de preparo. A consistência do purê de frutas é semelhante à de um molho espesso, com uma textura mais rústica e visível em comparação com a geleia.

Receita de *coulis* de frutas vermelhas

Ingredientes
- 250 g de morangos frescos
- 150 g framboesas frescas
- 100 g de amoras frescas
- 100 g de açúcar refinado
- suco de ½ unidade de limão taiti
- 2 colheres de licor de framboesa
- folhas de hortelã para decorar

Modo de preparo
Em uma panela, combine morangos, framboesas e amoras. Adicione o açúcar e mexa delicadamente para envolver as frutas. Leve a panela ao fogo médio, deixando as frutas liberarem seus sucos e o açúcar se dissolver. Cozinhe por, aproximadamente, 10 minutos, mexendo ocasionalmente. Adicione o suco de limão para realçar os sabores e cozinhe por mais 5 minutos. Retire a panela do fogo e deixe a mistura esfriar um pouco. Utilize um liquidificador ou *mixer* para transformar as frutas em um purê fino. Se preferir, passe a mistura por uma peneira para remover as sementes. Se desejar, adicione o licor de framboesa para um toque extra de sabor e aroma. Espere o *coulis* esfriar completamente antes de transferir para um recipiente e refrigerar por algumas horas. Sirva o *coulis* de frutas vermelhas gelado, decorando com folhas de hortelã, se desejar.

A seguir, veremos como preparar manteigas aromatizadas que realçam ainda mais o sabor das preparações.

3.4 *Chutney*

Os *chutneys* são preparações agridoces e levemente picantes – servidas com carnes, queijos, sanduíches – e muito apreciadas na culinária indiana. As frutas ou vegetais são cozidos com condimentos, ervas aromáticas e vinagre, assemelhando-se a picles. Entre os mais conhecidos estão os *chutneys* de manga, de abacaxi, de maçã, de tomate e de berinjela (Instituto Americano de Culinária, 2014).

Receita de *chutney* de manga e maracujá

Nataliya Arzamasova/Shutterstock

Ingredientes
- 3 unidades de manga (qualquer variedade)
- 4 pimentas dedo-de-moça
- 15 gramas de gengibre fresco ralado
- 2 maracujás azedos
- 100 ml de vinagre de maçã
- 300 g de açúcar mascavo
- 2 g de açafrão-da-terra ou pistilo

Modo de preparo

Corte a manga em cubos pequenos. Lave bem as pimentas dedo-de-moça, retire as sementes e corte em *brunoise*. Retire a polpa dos maracujás e misture todos esses ingredientes em uma tigela. Em uma panela de fundo grosso, coloque o vinagre e o açúcar para ferver. Assim que ferver, aguarde, aproximadamente, dois minutos e acrescente a mistura de frutas da tigela. Cozinhe até que reduzam um pouco, mas sem deixar secar. Coloque o *chutney* em potes de vidro, tampe-os e armazene em geladeira por até 30 dias.

Receita de *chutney* de abacaxi com pimenta

Ingredientes

- 1 unidade de abacaxi
- 1 unidade de pimenta dedo-de-moça sem semente
- 1 unidade de cebola roxa
- 1 xícara de açúcar mascavo
- 1 colher de chá de semente de mostarda
- 1 xícara de vinagre de maçã
- 1 colher de chá de semente de coentro

Modo de preparo

Em uma panela grande, coloque o abacaxi, a pimenta, a cebola, o açúcar mascavo e o vinagre de maçã. Em uma gaze ou sachê de chá, amarre as sementes de mostarda e as sementes de coentro. Adicione este sachê à panela. Leve a mistura para ferver em fogo médio. Reduza o fogo e cozinhe por cerca de 45-60 minutos, mexendo ocasionalmente, até que o *chutney* atinja uma consistência espessa e a maioria do líquido tenha evaporado. Adicione a pimenta dedo-de-moça em *brunoise* e cozinhe mais um pouco. Retire o sachê de especiarias e descarte. Tempere com sal a gosto e deixe o *chutney* esfriar completamente. Transfira o *chutney* para potes de vidro esterilizados e armazene na geladeira. Pode ser consumido imediatamente, mas os sabores se desenvolverão ainda mais após alguns dias de descanso.

Receita de *chutney* de cebola roxa agridoce

Ingredientes
- 4 unidades de cebola roxa
- ½ xícara de açúcar mascavo
- ½ xícara de vinagre de maçã
- 1 colher de azeite de oliva
- ½ xícara de pimenta-do-reino em grãos

Modo de preparo
Em uma frigideira grande, aqueça o azeite de oliva em fogo médio. Adicione os grãos de pimenta-do-reino, deixando-os temperar o azeite por alguns segundos. Adicione as cebolas fatiadas e cozinhe em fogo médio-baixo até que fiquem macias e caramelizadas, mexendo ocasionalmente. Isso deve levar cerca de 20-25 minutos. Enquanto as cebolas caramelizam, em uma panela pequena, misture o açúcar mascavo e o

vinagre de maçã. Leve ao fogo médio até que o açúcar dissolva-se completamente. Despeje a mistura líquida sobre as cebolas caramelizadas e mexa bem. Cozinhe em fogo baixo por mais 10-15 minutos, ou até que o *chutney* atinja uma consistência espessa e as cebolas estejam bem caramelizadas. Tempere com sal a gosto e deixe esfriar antes de transferir para um recipiente de vidro esterilizado. Armazene na geladeira e sirva como acompanhamento para queijos, carnes assadas, sanduíches ou até mesmo em tábuas de petiscos.

Na próxima seção, veremos como acrescentar ainda mais sabor às preparações com as manteigas compostas.

3.5 Manteigas compostas

As manteigas compostas conferem um toque todo especial às preparações. Uma única colherada de manteiga com ervas frescas ou especiarias cuidadosamente escolhidas pode elevar um prato comum a uma experiência *gourmet* porque, além de adicionar sabores intensos e aromas atraentes, também pode contribuir para a apresentação visual com sua textura cremosa.

Elas são preparadas com manteiga amolecida, a qual são acrescentados ingredientes aromatizantes, como ervas frescas e/ou secas, especiarias, pimentas, raspas de frutas cítricas e alho, e podem ser utilizadas para preparar carnes, vegetais ou serem consumidas com pães e torradas.

Como exemplos de manteigas compostas temos: manteiga de alho, manteiga de camarão, manteiga de ervas, manteiga de limão siciliano, manteiga de aliche, entre outras.

Receita de *beurre à la bourguignonne*

Ingredientes
- 200 g de manteiga sem sal
- 2 colheres de sopa de vinho tinto
- 2 colheres de pasta de anchovas
- 2 dentes de alho
- 1 colher de chá de salsinha
- 1 colher de chá de tomilho fresco
- Quanto baste de pimenta-do-reino moída

Modo de preparo
Em uma tigela, misture a manteiga amolecida, o vinho tinto, a pasta de anchova, o alho, a salsinha e o tomilho. Tempere com pimenta-do-reino e sal a gosto. Lembre-se de que a pasta de anchova já é salgada, então, ajuste o sal conforme necessário. Continue mexendo a mistura até que todos os ingredientes estejam bem incorporados. Transfira a manteiga composta para uma folha de papel-manteiga e forme um rolo, envolvendo-o firmemente. Leve à geladeira por, pelo menos, duas horas para solidificar. Quando estiver pronto para servir, retire a manteiga *à la bourguignonne* da geladeira, corte em rodelas e coloque sobre carnes grelhadas, legumes assados ou pães frescos.

Receita de *beurre au citron*

Ingredientes
- 200 g de manteiga sem sal
- 200 g de raspas de 1 unidade de limão siciliano
- Raspas de ½ unidade de limão taiti
- ½ maço de cebolinha
- Quanto baste de sal
- Quanto baste de pimenta-do-reino

Modo de preparo
Em uma tigela, coloque a manteiga amolecida. Adicione a casca de limão ralada à manteiga, misturando bem para incorporar o aroma cítrico. Acrescente o suco de limão à mistura, mexendo continuamente. Adicione a *ciboulette* picada, o sal e a pimenta-do-reino. Continue mexendo até que todos os ingredientes estejam completamente integrados. Coloque a manteiga composta sobre uma folha de papel-manteiga e forme um rolo. Envolva-o firmemente e leve à geladeira por, pelo menos, uma hora para solidificar. Quando estiver pronto para servir, corte a manteiga *au citron* em rodelas e coloque sobre peixes grelhados, legumes cozidos, frango assado ou pães frescos.

Veja só como podemos, progressivamente, aprimorar e explorar o universo da gastronomia! Para fixar o conteúdo, você pode refletir sobre os assuntos tratados aqui e responder as questões no final do capítulo.

> **Para saber mais**
>
> No livro *Um cientista na cozinha*, de Hervé This, você pode aprofundar seus conhecimentos sobre a emulsão estável e encontrar algumas curiosidades sobre esse assunto.
>
> THIS, H. **Um cientista na cozinha**. Tradução de Marcos Bagno. 4. ed. São Paulo: Ática, 1999.

Síntese

Por meio dos temas tratados neste capítulo, fica evidente que a culinária é uma arte em constante evolução e repleta de infinitas possibilidades. Embora único por si só, cada um dos preparos estudados no capítulo compartilha a mesma essência culinária: a busca pela harmonia de sabores e pela satisfação dos sentidos.

Como vimos, os molhos emulsionados oferecem untuosidade e cremosidade, tornando-se aliados ideais para realçar pratos leves e sazonais.

Os molhos à base de manteiga, com sua riqueza e sedosidade, elevam pratos simples a um nível de sofisticação, transformando uma refeição comum em uma experiência gastronômica moderna. O segredo reside na paciência e na técnica para executá-los.

Os *chutneys*, às vezes picantes, mostram como a criatividade culinária pode resultar em harmonias inesperadas. Eles são uma incorporação da diversidade de sabores e uma lembrança de que o mundo culinário é uma paleta infinita de possibilidades.

Por fim, as manteigas compostas são uma combinação de ingredientes que resultam em uma complexidade de sabores, pronta para transformar um simples pedaço de carne ou um vegetal em uma obra-prima culinária.

Questões para revisão

1. Qual a proporção correta de óleo e de ácido para preparar um vinagrete equilibrado?

2. Assinale a alternativa que indica um exemplo de emulsão estável ou permanente:
   a) Mostarda.
   b) Maionese.
   c) Catchup.
   d) Vinagrete.
   e) Gemada.

3. Assinale a alternativa que indica dois molhos clássicos preparados à base de manteiga:
   a) Bechamel e maionese.
   b) Hollandaise e béarnaise.
   c) Aurore e Alfredo.
   d) Bechamel e maitre d'hotel.
   e) Aurore e café Paris.

4. Chutneys são preparações que acompanham carnes, queijos e sanduíches. Assinale a única alternativa que indica uma característica dessa preparação:
   a) Sabor levemente adocicado e picante.
   b) Sabor amargo e picante.
   c) Sabor levemente ácido e doce.
   d) Sabor levemente amargo e doce.
   e) Sabor agridoce e levemente picante.

5. Podemos preparar diferentes tipos de manteigas compostas acrescentando apenas ervas, especiarias e outros ingredientes. Qual o estado ideal da manteiga para essa preparação?

Questões para reflexão

1. Os molhos emulsionados e as manteigas compostas são como pincéis na paleta de um artista culinário. Assim como os diferentes traços de um pincel podem criar obras de arte únicas, como podemos usar essas técnicas culinárias para expressar nossa criatividade na cozinha? Como a combinação de ingredientes e a utilização correta da técnica podem transformar refeições simples em experiências gastronômicas memoráveis? Elabore um texto escrito com suas considerações a respeito das questões e compartilhe com seu grupo de estudo.

2. Considere um restaurante de frutos do mar bem conhecido pela sua excelência na culinária, mas que está buscando aprimorar a qualidade de seus pratos, especialmente seus molhos à base de maionese, servidos com frutos do mar fritos. O restaurante tem enfrentado problemas com sua maionese que, às vezes, separa ou não mantém a textura desejada. Isso leva a uma experiência inconsistente para os clientes e afeta a qualidade geral dos pratos. Como integrante da equipe de cozinha, você precisa resolver esses problemas e garantir que a maionese permaneça perfeita durante o serviço. Qual solução você apresentaria para esse problema? Elabore um texto escrito com sua proposta e compartilhe com seu grupo de estudo.

Capítulo 4

Das *mousses* às *galantines*

Luiz Felipe Tomazelli

Conteúdos do capítulo
- Características e usos de *mousses* frias e salgadas.
- Características e uso de patês.
- Características e uso de *terrines* e *galantines*.
- Orientações para acompanhamentos, serviço, degustação e harmonização.

Após o estudo deste capítulo, você será capaz de:
1. reconhecer a diferença entre patês, *terrines* e *galantines*;
2. aplicar a técnica de elaboração dessas preparações;
3. acompanhar, servir e sugerir a harmonização.

4.1 Mousses frias e salgadas

Até o final do século XVIII, apenas os nobres franceses tinham o privilégio de degustar iguarias em banquetes imperiais. Felizmente, a Revolução Francesa tratou de difundir o preparo de *mousses* salgadas, patês, *terrines* e *galantines*, delícias culinárias que já fazem parte do cotidiano.

A tradução literal do termo francês *mousse* para o português é "espuma", o que nos faz compreender por que a textura desse preparo deve ser, necessariamente, aerada e cremosa.

Na culinária a frio, a preparação de *mousses* requer três elementos essenciais: 1) uma base, 2) um aglutinante e 3) um agente aerador.

A **base** de uma *mousse* é o ingrediente principal, que pode ser composto por uma variedade de opções, como carnes, peixes, vegetais ou frutas. Ela é escolhida para fornecer o sabor principal da *mousse*. O **aglutinante** é o elemento que dá estrutura à *mousse*, unindo todos os ingredientes. Os aglutinantes mais comuns são gemas de ovo, gelatina ou amido, que garantem que a *mousse* tenha uma textura firme e estável, que permite ser moldada e mantida em forma. O **agente aerador** é o responsável por conferir leveza e volume à *mousse*, o que pode ser feito por meio de claras em neve, creme de leite batido ou mesmo espumas específicas. Esses agentes aeradores incorporam ar à mistura, tornando-a mais suave e leve.

Essas delícias gastronômicas costumam fazer parte de entradas, saladas e aperitivos, também conhecidos como *hors d'oeuvres*, termo francês que significa "fora do serviço".

Elas podem ser servidas de diversas maneiras, como em canapés e barquetes, moldadas em formas ou travessas e, até mesmo, utilizadas como recheio para legumes.

As *mousses* mais comuns são as frias, que, após serem montadas, não passam por nenhum processo de aquecimento adicional, como as tradicionais *mousses* produzidas por meio da emulsão do chocolate, da produção de doces feitos com limão ou maracujá, muito comuns no Brasil.

As *mousses* quentes são uma variação que segue o mesmo princípio das *mousses* frias, como *mousses* de queijos para acompanhar determinado prato, e são servidas na temperatura morna.

Figura 4.1 – Apresentação de *mousses*

YamisHandmade/Shutterstock

A apresentação das *mousses* deve ser muito bem elaborada, trazendo a leve textura com uma montagem delicada, como vemos na Figura 4.1, em que há a combinação de duas cores – o branco da *mousse* à base de queijos e o amarelo das frutas amarelas. Esse leve contraste chama a atenção de quem valoriza a boa gastronomia.

O queijo gorgonzola tem potencial de sabor devido à presença do mofo azul, característica que imprime a ele um sabor pungente, que combina facilmente com dulçor, como compotas de frutas, geleias e frutas carameladas.

Receita de *mousse* de gorgonzola

Ingredientes

- 200 g de queijo gorgonzola
- 150 g de *cream cheese*
- ½ xícara de nata
- 1 colher de sopa de mel
- 200 g de tomate cereja
- 1 ramo de manjericão

Modo de preparo

Em uma tigela, despedace o queijo gorgonzola e adicione o *cream cheese*. Com um *mixer* de mão ou em um processador de alimentos, bata os queijos até obter uma mistura homogênea e cremosa. Adicione o creme de leite fresco à mistura de queijos e continue batendo até que a mistura fique ainda mais cremosa. Acrescente o mel. Bata novamente para incorporar todos os ingredientes. Prove a *mousse* e ajuste o tempero conforme necessário. Transfira a *mousse* de gorgonzola para potinhos individuais ou para um recipiente de servir. Leve à geladeira por, pelo menos, duas horas para firmar. Antes de servir, decore com tomate cereja e manjericão. Sirva a mousse de gorgonzola com torradas ou fatias de pão.

O *garde manger*, responsável por preparar essas delícias, cria *mousses* salgadas com uma variedade de sabores, incluindo peixes, carnes, queijos e legumes. O processo começa com a criação de um purê com esses ingredientes, que é peneirado e misturado a líquidos para atingir a consistência desejada. Em seguida, a gelatina hidratada é adicionada e incorporada à mistura, seguida pelo agente aerador. A textura final deve assemelhar-se à de uma *mousse* doce. A mistura resultante é colocada em uma forma para adquirir sua forma final e refrigerada para firmar.

Os espessantes desempenham um papel essencial na culinária de *mousses*, e o *aspic* é uma gelatina salgada amplamente utilizada na cozinha. Ele é obtido pela mistura de gelatina com caldos aromatizados, vinho, sucos e outros líquidos. É importante ressaltar que o líquido usado para dissolver a gelatina deve estar aquecido para garantir sua dissolução adequada.

Além da gelatina, outros espessantes, como ágar-ágar, gomas, pectina, carragenina e alginato, podem ser usados. Cada um desses espessantes tem suas peculiaridades no preparo. O ágar-ágar, por exemplo, é derivado de algas marinhas e requer menos quantidade do que a gelatina. As gomas, obtidas de plantas, não precisam de calor para espessar e podem ser incorporadas diretamente a líquidos. A pectina, encontrada em frutas cítricas, pode ser usada em pó ou ou na forma líquida e requer diferentes etapas de adição.

A carragenina, derivada de algas vermelhas, é comumente utilizada na indústria de sorvetes. O alginato, por sua vez, é um ingrediente-chave na cozinha molecular e reage com o cálcio, sendo ideal para receitas à base de leite e creme de leite, como a criação de esferas.

Outra técnica moderna na cozinha é a criação de espumas, frequentemente associadas à cozinha fria, embora também possam ser servidas quentes. Essas espumas são produzidas agitando purês diversos em sifões de óxido nitroso, criando uma textura espumosa. Elas podem ser espessadas com gelatina ou alginato, resultando em uma textura mais duradoura. Quando espessadas com alginato e imersas em uma solução de cálcio, essas espumas podem se transformar em esferas que se desintegram na boca, proporcionando uma experiência gastronômica única.

No preparo da *mousse* de tomate seco, deve haver moderação na quantidade de tomates e equilíbrio dos temperos para que o sabor seja sutil. Na receita a seguir, vemos um canapé delicado, cuja base é um tomate, coberto com a *mousse* de tomate seco e finalizado com brotos. Tudo disposto de forma que permita que sejam consumidos com apenas uma bocada. Por isso a importância do equilíbrio em sabores, cores e diferentes texturas.

Receita de *mousse* de tomate seco

Ingredientes
- 200 g de tomate seco
- 100 g de ricota fresca
- 100 g de *cream cheese*
- ¼ de xícara de azeite de oliva
- 2 dentes de alho
- Suco de 1 unidade de limão
- 1 colher de chá de orégano seco
- Quanto baste de pimenta-do-reino
- Manjericão fresco para decorar

Modo de preparo

Escorra os tomates secos e reserve um pouco da água da hidratação. Em um processador de alimentos, coloque os tomates secos escorridos, o *cream cheese*, a ricota, o azeite de oliva, o alho, o suco de limão e o orégano. Processe a mistura até obter uma textura homogênea. Se necessário, adicione um pouco da água da hidratação dos tomates para atingir a consistência desejada. Tempere a *mousse* com sal e pimenta-do-reino a gosto. Processe novamente para garantir que os temperos estejam bem incorporados. Transfira a mousse de tomate seco para potinhos individuais ou para um recipiente de servir. Leve à geladeira por, pelo menos, duas horas para firmar. Antes de servir, decore com pinhões torrados e folhas de manjericão fresco, se desejar. Sirva o mousse de tomate seco com torradas ou fatias de pão.

4.2 Patês

Desde os tempos dos faraós encontramos vestígios de patês, uma iguaria ancestral à base de fígado de pato. Essa preparação, no entanto, alcançou sua máxima excelência na França, especialmente com o uso do fígado de ganso, o que o tornou, até os dias atuais, o mais renomado patê do mundo.

A trajetória dos patês é recheada de inovações e aprimoramentos, levando a uma profusão de variações, cada uma mais deliciosa do que a anterior. Curiosamente, embora os patês tenham sua origem em influências estrangeiras, a França já tinha sua própria tradição culinária de *terrines*, que eram preparadas com fígado temperado e assadas em uma longa e estreita assadeira, conhecida como *terrine*.

Foi o criativo cozinheiro Jean Pierre Clause quem, atendendo a um pedido especial do rei para inovar em um banquete, acrescentou uma camada de massa de pão ao redor do fígado, dando origem ao *foie on croûte* (Fígado com crosta, em português). Esse prato, revestido com a massa de pão, tornou-se uma sensação gastronômica e a *terrine* ganhou notoriedade (FSHAA, 2024).

Após a Revolução Francesa, como os cozinheiros já não tinham o privilégio de trabalhar nas mansões nobres, passaram a estabelecer seus próprios negócios, surgindo, assim, os restaurantes e uma rica diversidade de criações culinárias.

Foi durante esse período que Clause introduziu a trufa negra na *terrine*, elevando seu sabor a novos patamares de sofisticação. Com o tempo, a *terrine* foi recheada com uma mistura de ingredientes, como fígado de galinha, ricota, presunto, queijos cremosos e maioneses, ampliando ainda mais suas possibilidades gastronômicas (Les Vrais..., 1909).

Com base na *terrine*, nasceu o conceito dos patês, que são servidos sem a camada de massa e sem a gordura. Os patês logo ganharam popularidade, tornando-se um acompanhamento tradicional para pães e torradas.

Os patês podem ser à base de laticínios, frequentemente usando ricota como ingrediente principal, e enriquecidos com uma variedade de outros sabores. Alternativamente, podem ter como base legumes, proporcionando uma textura cremosa e um sabor igualmente delicioso.

O patê de fígado é uma iguaria apreciada por poucas pessoas em razão do preconceito que existe sobre o consumo de miúdos, porém, quando bem-feito, pode ser muito bem apresentado e destacar-se nas mesas requintadas de antepastos, como vemos na receita a seguir, em que ele está servido com pães, bem montados em uma bonita tábua da forma correta e finalizado com o manjericão.

Receita de patê de fígado de frango

Ingredientes
- 300 g de fígado de frango limpo
- 1 unidade de cebola
- 2 dentes de alho
- 4 colheres de sopa de manteiga sem sal
- ½ xícara de creme de leite fresco ou nata
- Quanto baste de sal
- Quanto baste de pimenta-do-reino
- 2 colheres de sopa de cebolinha
- 2 colheres de sopa de salsinha

Modo de preparo

Em uma frigideira, derreta a manteiga em fogo médio. Adicione a cebola e o alho, refogando até ficarem macios e translúcidos. Acrescente o fígado de frango à frigideira e cozinhe por cerca de 5 a 7 minutos, virando-o ocasionalmente, até que esteja cozido, mas ainda rosado por dentro. Transfira o conteúdo da frigideira para um processador de alimentos. Adicione o creme de leite e processe até obter uma mistura homogênea. Adicione a manteiga restante e continue processando até o patê ficar cremoso e suave. Tempere com sal, pimenta-do-reino e temperos verdes frescos. Processe novamente para incorporar os temperos. Transfira o patê para potes pequenos, cubra com papel-manteiga e leve à geladeira por, pelo menos, duas horas para firmar. Sirva o patê de fígado de frango com torradas, pães ou biscoitos.

Receita de patê de peito de peru defumado com cogumelos

Ingredientes
- 200 g de peito de peru defumado
- 100 g de *cream cheese*
- 100 g de cogumelo Paris fatiados
- 2 colheres de sopa de maionese
- 1 colher de sopa de mostarda de Dijon
- Suco de ½ unidade de limão
- 1 dente de alho
- Quanto baste de sal
- Quanto baste de pimenta-do-reino
- Cebolinha para decorar

Modo de preparo

Doure os cogumelos fatiados na frigideira com um fio de azeite. Transfira para um processador e adicione o *cream cheese*, a maionese, a mostarda de Dijon, o suco de limão e o alho ao processador. Processe até que todos os ingredientes estejam bem combinados e o patê fique cremoso. Prove o patê e tempere com sal e pimenta a gosto. Processe novamente para incorporar os temperos. Transfira o patê para um recipiente de servir. Leve à geladeira por, pelo menos, uma hora antes de servir para que os sabores se acentuem. Decore com cebolinha verde picada antes de servir, se desejar. Sirva o patê de peito de peru defumado com fatias de pão, torradas ou biscoitos.

Os feijões, sobretudo o fradinho, desempenham um papel coringa na cozinha porque servem para preparações doces ou salgadas. Seu sabor neutro traz protagonismo para os temperos.

Na receita a seguir vemos a imagem de uma pasta de feijão-fradinho, um exemplo de variações possíveis para os patês. Semelhante ao homus, essa pasta muito bem temperada surpreende e pode acompanhar as torradas da mesa de antepastos de maneira muito saborosa.

Receita de pasta de feijão-fradinho

Monika_1/Shutterstock

Ingredientes

- 2 xícaras de feijão-fradinho cozido
- 2 dentes de alho
- Suco de 1 unidade de limão
- 2 colheres de sopa de tahine (pasta de gergelim)
- ¼ de xícara de azeite de oliva
- Quanto baste de sal
- Quanto baste de pimenta-do-reino
- Quanto baste de páprica defumada
- 1 ramo de coentro fresco

Modo de preparo

Em um processador de alimentos, coloque o feijão fradinho cozido e os dentes de alho. Processe até obter uma mistura homogênea. Adicione o suco de limão, o tahine e o azeite de oliva ao processador. Continue processando até que todos os ingredientes estejam bem combinados e a pasta fique com uma consistência cremosa. Tempere a pasta com sal, pimenta-do-reino e páprica a gosto, adicione o coentro. Processe novamente para incorporar os temperos. Prove a pasta e ajuste os temperos conforme necessário. Transfira a pasta de feijão fradinho para um recipiente de servir. Decore com folhas de coentro ou salsa, se desejar. Sirva a pasta com vegetais frescos, pães, torradas ou use como molho para salada.

A jornada culinária dos patês nos leva por uma viagem no tempo e pelo paladar, desde suas origens simples até se tornarem elemento indispensável nas mesas ao redor do mundo, perpetuando uma tradição gastronômica enriquecedora e saborosa.

4.3 Terrines

Quando surgiram, as *terrines* eram preparadas com o fígado de aves temperado com vinho *sauternes* (um vinho branco de sobremesa) e disposto em potes de terracota – o termo antigo *terrin* significava "de terra", daí a origem da palavra *terrine*. Em português, há o equivalente *terrina*.

As *terrines* são a versão abreviada de um prato clássico conhecido como *patê em terrine*. Como mencionamos, o nome tem raízes na sua forma original, que costumava ser moldada em argila não esmaltada. Atualmente, no entanto, encontramos *terrines* em diversos materiais, como aço inoxidável, alumínio, cerâmica, ferro esmaltado e plástico refratário. Além disso, as *terrines* agora vêm em uma variedade de formas, incluindo as tradicionais retangulares, bem como quadradas, triangulares e circulares. Tamanhos reduzidos também estão disponíveis, tornando as montagens mais delicadas e criativas.

Para compreender melhor o mundo das *terrines*, é fundamental entender a diferença entre elas e os patês. As *terrines* são preparadas com ovos e moldadas em formas, enquanto os patês são mais cremosos e espalháveis. Esses dois pratos têm raízes antigas, de épocas em que a gelatina natural da caça, como pato, coelho, porco ou rã, era utilizada como ingrediente principal. Com o tempo, outras gorduras, como creme de leite e gelatina neutra artificial, foram incorporadas às receitas, enriquecendo ainda mais seu sabor e sua textura.

No Brasil, as terrinas são, frequentemente, servidas como entradas em refeições especiais, sendo uma escolha popular em festas de fim de ano, por exemplo. Aqui, comumente utilizamos proteínas como frango ou pato para sua produção, como a terrina de pato com maçã caramelada, uma combinação perfeita entre a suculência da carne e o dulçor.

Na França, no entanto, essas iguarias são apreciadas no dia a dia, até mesmo no café da manhã, em versões frias ou em temperatura ambiente. Esse contraste cultural reflete a versatilidade dessas preparações gastronômicas, que podem se adaptar a diferentes ocasiões e gostos.

O *chef* paulistano Junior Costa, renomado por sua habilidade na cozinha e sua influência de grandes mestres culinários, compartilha o segredo essencial para o sucesso ao preparar terrinas: a técnica de cocção correta (Sanches, 2013). Segundo o *chef*, a cocção lenta, em banho-maria, coberta com papel alumínio para manter a umidade, é fundamental para garantir a qualidade e sabor da terrina. Uma característica distintiva desses pratos é a camada de gelatina que se forma quando a gordura liberada durante o cozimento se solidifica após um período de, pelo menos, 12 horas de resfriamento na geladeira (Sanches, 2013).

No passado, as *terrines* eram, frequentemente, servidas diretamente na forma em que foram cozidas, mas, atualmente, é mais comum apresentá-las fora da forma, cortadas em fatias, o que proporciona uma apresentação mais moderna e apetitosa.

O recheio de uma *terrine* pode ser uma verdadeira sinfonia de elementos sólidos, como pedaços de carne, aves, peixes e legumes, todos combinados para criar um sabor único e uma textura irresistível.

Tradicionalmente, as formas das *terrines* eram revestidas com toucinho antes de receberem os demais ingredientes, porém essa técnica evoluiu para incluir outros materiais, como presunto cru, *bacon*, crepe, espinafre, couve e até mesmo filme-plástico. Independentemente do material escolhido, o forro desempenha um papel essencial na manutenção da forma e na retenção dos sucos e sabores dos ingredientes internos.

Para garantir uma *terrine* perfeitamente compacta e livre de bolhas de ar, os ingredientes são pressionados cuidadosamente com a ajuda de uma espátula após o forro ser colocado.

Uma etapa crítica na elaboração das *terrines* é o cozimento em banho-maria no forno, a uma temperatura aproximada de 150 °C. O banho-maria deve cobrir mais da metade da altura da assadeira para garantir um cozimento uniforme.

A temperatura interna da *terrine* deve atingir, pelo menos, 65 °C e, em alguns casos, especialmente com carnes, pode chegar a até 75 °C para garantir sua segurança alimentar e sabor máximo.

Após a conclusão do cozimento no forno, a *terrine* deve esfriar antes de ser levada à geladeira, onde repousará por um período que varia de 12 horas a 3 ou 4 dias. Esse tempo permite que os sabores se concentrem e a *terrine* atinja seu auge de sabor. Em alguns casos, um *aspic* pode ser adicionado sobre o forro antes de levar a *terrine* à geladeira, acrescentando uma camada extra de sabor e textura.

Receita de *terrine* de salmão

Ingredientes

Para o caldo de peixe:
- 1,5 l de água
- 1 cebola
- Meia cenoura
- 1 talo salsão
- 1 posta de peixe (o que tiver disponível na geladeira)

Para a *terrine*:
- 700 g de salmão fresco
- 400 g de salmão defumado
- 100 ml de creme de leite fresco
- suco de 1 limão tahiti
- 85 g de iogurte natural
- 2 colheres de sopa de *ciboulette* picada (cebolinha fininha)
- 1 folha de gelatina sem sabor (ou 1 colher café de gelatina em pó)
- sal e pimenta-do-reino a gosto

Para o vinagrete:
- 250 g de manga (mais para verde) cortada em cubinhos
- 50 g de alcaparras
- 50 g de erva-doce picada em cubinhos

- 2 colheres de sopa de *ciboulette* picada
- 150 ml de azeite oliva
- sal e pimenta-do-reino a gosto

Modo de preparo

Para preparar o caldo de peixe, coloque, na panela de pressão, um fio de azeite, a cebola, a cenoura e o salsão picados grosseiramente e um pedaço de peixe. Refogue por cinco minutos, adicione 1,5 l água, sal e um pouco de vinagre. Deixe cozinhando por 15 min. Coe e reserve. Coloque o salmão fresco em uma assadeira e cubra-o com o caldo de peixe quente coado. Em seguida, cubra a assadeira com papel-alumínio e leve ao forno preaquecido a 180 °C por 20 minutos. Depois desse tempo, retire o salmão da assadeira, deixe amornar e faça lascas de todo ele. Molhe uma forma retangular de 30 cm com água e cubra todo o fundo e as laterais com filme-plástico. Espalhe as fatias de salmão defumado no fundo e nas laterais da forma. Corte o que sobrar (deve sobrar 100 g) em cubinhos e misture com o salmão cozido em lascas. Bata 100 ml de creme de leite fresco gelado até ficar firme. Com uma espátula, vá adicionando o suco de limão aos poucos e mexendo. Adicione o iogurte e mexa para incorporar. Coloque a folha de gelatina em um pote com água fria e, assim que ela amolecer, coloque em uma panela pequena com duas ou três colheres de sopa de creme de leite fresco e leve ao fogo, somente para amornar e a gelatina derreter. Coe essa gelatina e, assim que estiver morna/fria, coloque na tigela com a mistura de creme de leite. Coloque essa mistura em cima dos dois tipos de salmão juntos. Adicione a *ciboulette*, o sal e a pimenta e coloque na forma já forrada com salmão. Leve para gelar por, no mínimo, duas horas e sirva com vinagrete, feito com a mistura de todos os ingredientes indicados

Fonte: *Chef* Cristina Haaland, 2024.

Figura 4.2 – *Terrine* de vegetais

4.4 *Galantines*

A história da *galantine*, criada pelo renomado *chef* Prévost durante a Revolução Francesa, é um testemunho da sua duradoura popularidade e versatilidade culinária. Originalmente, essa iguaria consistia em aves desossadas, cuidadosamente envoltas em sua própria pele e cozidas em caldos aromáticos, preservando a gelatina natural.

Figura 4.3 – *Galantines*

A origem do termo *galantine* é objeto de debate entre estudiosos. Alguns acreditam que ele pode derivar de *galine*, palavra francesa arcaica que significa "galinha", e outros sustentam que sua raiz está em *galentyne*, que se refere à gelatina. Independentemente da etimologia, a *galantine* é uma criação culinária admirada e apreciada até hoje.

Além da *galantine*, outros pratos como a *ballotine* e o *dodine* também são usados de maneira similar, muitas vezes sendo confundidos com a *galantine*. A *ballotine* pode ser servida tanto quente quanto fria e compartilha semelhanças com a *galantine*, enquanto o *dodine*, feito com pato, é muito parecido com a *galantine*, exceto pelo fato de ser assado em vez de cozido no caldo e sempre servido quente.

Outra variação das *galantines* são as *roulades*, que se distinguem por serem enroladas em musselina (gaze) ou filme plástico, em vez de utilizar a pele. Além disso, as *roulades* podem ser feitas com uma variedade de ingredientes, não se limitando apenas ao frango, podendo incluir fígado de ganso ou até mesmo peixes.

Para criar uma *galantine*, o processo começa com a delicada tarefa de retirar a pele da ave garantindo que ela permaneça intacta, sem rasgos ou furos. A pele é, então, cortada em formato de retângulo. Em seguida, um pedaço de filme plástico, maior do que a pele, é estendido e a pele colocada sobre ele. O recheio é aplicado e, se desejar, guarnições podem ser adicionadas. Em seguida, a *galantine* é enrolada, mantendo o recheio centralizado ou criando um formato de rocambole, e as extremidades são fixadas.

A cocção da *galantine* é essencial para o seu sucesso. Se optar pelo método de escalfar, ela é cozida em um caldo aromático, mantendo-a submersa e em fogo brando, podendo ser prensada com um objeto como um prato para garantir a imersão completa.

Se a preferência for pelo cozimento no forno, a *galantine* pode ser enrolada em papel alumínio e, após o cozimento, o papel é removido para dourar a pele.

4.5 Acompanhamentos e serviços

As *mousses* salgadas, os patês, as *terrines* e as *galantines* são pratos clássicos e sofisticados da gastronomia que requerem acompanhamentos e serviços adequados para realçar a experiência culinária. Apresentamos, a seguir, algumas informações gastronômicas importantes relacionadas a essas iguarias e como a escolha cuidadosa de acompanhamentos e serviços pode aprimorar seu sabor e sua apresentação:

- **Seleção de pães e torradas:** *Mousses* salgadas, patês e *galantines* são, frequentemente, servidos com uma variedade de pães e torradas. Baguetes crocantes, pães de centeio, *grissinis* e torradas são escolhas populares. A escolha do pão deve complementar o sabor da preparação, e é fundamental o equilíbrio entre textura e sabor.
- **Condimentos e geleias:** Condimentos como mostarda, geleias de frutas, *chutneys* e cebolas em conserva são acompanhamentos clássicos. Eles adicionam uma dimensão extra de sabor e equilibram a cremosidade das *mousses* e dos *patês* com notas agridoces ou picantes.
- **Saladas verdes:** Uma simples salada verde fresca, temperada com um molho leve, pode oferecer um contraste refrescante à riqueza dos patês e das *terrines*. Folhas verdes, como rúcula e alface, são opções populares.
- **Cebolas caramelizadas:** As cebolas caramelizadas são um acompanhamento para *terrines* e *galantines*. Seu sabor doce e sua textura macia contrastam bem com a consistência firme das preparações.
- **Creme *fraîche*[1] ou iogurte:** *Mousses* salgadas e patês podem ser acompanhados por creme *fraîche* ou iogurte, que proporcionam uma cremosidade adicional e um toque de acidez.

---

1   Laticínio de origem francesa produzido por meio da fermentação de bactérias na nata ou no creme de leite pasteurizado. É um produto comercial, já pronto para uso, e que pode também ser substituído por creme azedo.

- **Frutas frescas:** Uvas, maçãs ou figos podem oferecer um contraste, porque suas notas frutadas e crocantes complementam a textura e o sabor das preparações.
- **Vinhos:** A escolha de vinho para acompanhar esses pratos pode ser importante. Vinhos brancos secos, champanhes e espumantes são opções clássicas. Certos vinhos tintos leves também podem funcionar bem. Certifique-se de considerar o equilíbrio entre o vinho e os sabores das preparações.
- **Apresentação e serviço:** A apresentação é muito importante na apreciação dessas iguarias. *Terrines* e *galantines* podem ser fatiadas na espessura de dois centímetros, aproximadamente, e dispostas no prato de forma sobreposta umas às outras, em forma circular, ou, dependendo do prato, formando uma disposição mais moderna. As *mousses* e os patês podem ser modelados de várias formas, tanto em peças de diversos formatos individuais quanto em porções maiores para compartilhar em uma mesa maior. Certifique-se de que os pratos estejam em temperatura adequada para preservar as texturas e os sabores, ou seja, se um prato é para ser servido frio, deve estar a temperatura de, aproximadamente, 10 °C. Pratos que precisam estar mornos para melhor apreciação devem ser servidos mornos, sem esquecer de que toda cocção deve ser feita com o objetivo de atingir 70 °C no interior do alimento para garantia da segurança alimentar.
- **Acessórios e talheres:** Utensílios de prata, facas afiadas e pratos de porcelana podem elevar a experiência de degustação. Talheres apropriados, como facas de patê e garfos pequenos, são ideais para servir.

Ressaltamos que a escolha de acompanhamentos e serviços relacionados a *mousses* salgadas, patês, *terrines* e *galantines* deve levar em consideração o equilíbrio entre sabores, texturas e a estética do prato. Por exemplo, é muito agradável obter uma mistura de ingredientes salgados com itens com dulçor – por exemplo, uma *terrine* suína que acompanha um *chutney* de abacaxi é uma combinação doce e ácida para uma proteína que recebe muito bem esse tipo de *mix* de sabores. Combinar cítrico em pratos produzidos com salmão é outro exemplo de combinações de sabores que conversam com o paladar de quem degusta.

Claro que, em meio ao processo criativo, podem acontecer alguns erros na tentativa de acertar na criação, por isso é importante lembrar que, nesses casos da cozinha fria principalmente, o amargor não é bem-vindo em pratos que sugerem temperaturas menores, pois aparece com maior personalidade. Também é necessário cuidar com o uso de ingredientes defumados para complementar sabor, pois podem roubar o cenário dos outros ingredientes de destaque.

Por esses motivos, é necessário traçar muito bem a rota da construção de sabor em busca do equilíbrio, e isso vale também para o uso das ervas, temperos e especiarias.

4.6 Degustação e harmonização

A degustação e a harmonização de *mousses* salgadas, *terrines*, patês e *galantines* são uma arte que amplifica a experiência gastronômica. Essas preparações sofisticadas, com suas texturas e sabores distintos, merecem ser apreciadas de maneira cuidadosa e contemplativa.

Ao começar a degustação, é importante observar a apresentação visual do prato. *Mousses* e patês, geralmente, têm uma textura suave e uma aparência delicada, enquanto *terrines* e *galantines* podem ser mais substanciais, oferecidas, muitas vezes, fatiadas. Essa primeira análise visual ajuda a antecipar o que está por vir, pois, a partir do empratamento, o cliente ou o convidado pode criar expectativas positivas ou negativas sobre as próximas etapas do menu. Essa fase também é importante para o cozinheiro, pois ele poderá mostrar sua personalidade também ao montar o prato.

Os aromas desempenham papel fundamental na degustação. Inale profundamente e permita que os perfumes da preparação alcancem suas papilas olfativas. *Mousses* salgadas podem oferecer notas frescas e herbáceas, enquanto *terrines* e *galantines* tendem a liberar aromas mais intensos e terrosos, como é o caso dos cogumelos, que podem ser utilizados em sua composição, ou outros ingredientes provenientes da terra, como beterraba e cenoura. Os patês frequentemente emanam um aroma rico e carnudo. Os aromas fornecem pistas iniciais sobre o que esperar em termos de sabor.

Ao saborear, leve em consideração a textura e a temperatura. *Mousses* devem ser cremosas e leves, desmanchando-se suavemente na boca. Patês, frequentemente, apresentam uma textura densa e untuosa, enquanto *terrines* e *galantines* podem combinar várias texturas, com pedaços sólidos intercalados. A temperatura adequada realça os sabores e a textura das preparações.

A temperatura desses pratos pode variar conforme a intenção do cozinheiro, mas, na maioria dos casos, eles são servidos na temperatura de 4 °C a 10 °C para realçar o sabor dos ingredientes utilizados. No entanto, nada impede que o cozinheiro sirva algum desses preparos morno, pois isso vai depender da proposta apresentada.

A harmonização é um componente essencial da experiência culinária. A escolha de vinhos desempenha papel de destaque. Vinhos brancos secos, como *sauvignon blanc* e *chardonnay*, harmonizam bem com *mousses* e patês, pois sua acidez equilibra a cremosidade das preparações. Para *terrines* e *galantines*, vinhos tintos leves, como *pinot noir*, podem complementar os sabores de forma sublime. Champanhes e espumantes são opções clássicas que funcionam bem com todas essas preparações.

> **Para saber mais**
> Para aprofundar os conhecimentos sobre o tema deste capítulo, sugerimos a leitura do livro *Terrines, pâtés & galantines*, de 1982. Embora tenha sido lançado há mais de 40 anos, o conteúdo remonta a tradições da culinária. Uma boa sugestão para quem quer investigar a área gastronômica!
>
> TIME-LIFE BOOKS (Ed.). **Terrines, pâtés & galantines.** [s.l.]: Time Life Education, 1982.

> **Mãos à obra**
>
> Escolha um ingrediente base para servir como tela para a produção de um canapé. Desenvolva seu conceito e execute as técnicas para ter uma base, um componente de cremosidade, um de crocância, um de acidez e um de dulçor. Após produzir e testar, sirva para algumas pessoas, pois assim poderá fazer o teste da aceitabilidade. Após esse processo, ele será um canapé autoral! Compartilhe sua receita com seu grupo de estudo.

Síntese

Até o final do século XVIII, apenas os nobres franceses tinham o privilégio de degustar essas iguarias em banquetes imperiais. Felizmente, a revolução francesa difundiu essas preparações, tornando-as acessíveis a todos.

Neste capítulo, relatamos que patês, *mousses* salgadas, *terrines* e *galantines*, antes da Revolução Francesa servidas apenas aos nobres, popularizam-se nos últimos séculos. Suas raízes remontam a épocas em que a gelatina natural da caça era usada como ingrediente principal; com o tempo, no entanto, outros ingredientes foram incluídos, como creme de leite e gelatina neutra.

Explicamos que as *terrines* são pratos moldados com ovos e ingredientes sólidos, enquanto patês são mais cremosos e espalháveis. Ambos têm uma história rica, desde o uso de gelatina natural até a incorporação de ingredientes variados.

Mousses frias são aeradas e cremosas, feitas com purês de ingredientes como peixes, carnes e queijos. Elas podem ser servidas de várias maneiras e espessadas com gelatina ou outros espessantes.

Galantines são aves desossadas, cozidas em caldos aromáticos e envoltas em sua própria pele. Elas são um exemplo de sofisticação culinária.

Essas preparações culinárias são acessíveis a todos, enriquecendo a culinária global com suas texturas, sabores e tradições únicas.

Questões para revisão

1. Qual evento histórico tornou as preparações culinárias estudadas neste capítulo acessíveis a todos?

2. Assinale a alternativa que define corretamente o que são patês e *terrines*:
   a) Patês são pratos moldados com ovos e *terrines* são mais cremosas e espalháveis.
   b) Patês são pratos moldados com ovos e ingredientes sólidos, enquanto *terrines* são aves desossadas.
   c) Patês são pratos moldados com ovos e ingredientes sólidos, enquanto *terrines* são moldadas em formas.
   d) Patês são aves desossadas e *terrines* são preparadas com gelatina natural.
   e) Patês são pastas provenientes de ingredientes diversificados e terrines são produzidas em formas com ingrediente de gelatinização para estrutura.

3. Assinale a alternativa que indica como são preparadas as *mousses* frias:
   a) São cozidas em caldos aromáticos.
   b) São feitas com purês de ingredientes como peixes, carnes e queijos.
   c) São espessadas com gelatina natural.
   d) São aves desossadas envoltas em sua própria pele.
   e) São espessadas com gelatina natural após serem fervidas.

4. Assinale a alternativa que define corretamente o que são *galantines*:
   a) Preparação culinária que leva apenas ingredientes do mundo vegetal.
   b) Preparações culinárias exclusivas para ocasiões especiais.
   c) Aves desossadas, cozidas em caldos aromáticos e envoltas em sua própria pele.
   d) Espessantes comuns em *mousses* frias.
   e) São produtos obtidos por meio da defumação.

5. Qual o principal ingrediente que remonta às origens das preparações culinárias estudadas neste capítulo?

Questões para reflexão

1. Como a evolução das técnicas culinárias ao longo do tempo, incluindo o uso de ingredientes e a disseminação das preparações culinárias, reflete a influência da história e da cultura em nossa comida?
2. Qual é a importância da preservação das tradições culinárias, como a criação de *terrines*, patês, *mousses* e *galantines*, na gastronomia contemporânea e na compreensão de nossa herança cultural?

Capítulo 5
Processos de conservação e técnicas de tempero

Luiz Felipe Tomazelli

Conteúdos do capítulo
- Tipos de cura.
- Técnicas de marinadas.
- Conservação e armazenamento de alimentos.
- Técnica de *confit*.

Após o estudo deste capítulo, você será capaz de:
1. aplicar os conceitos fundamentais para iniciar os processos de cura e marinadas;
2. empregar técnicas de curas e marinadas em suas diversas finalidades;
3. executar técnicas de conservação e armazenamento importantes para a manutenção dos processos.

5.1 Conceitos fundamentais

Entender os princípios fundamentais por trás das técnicas da cura e da marinada é essencial para iniciar esses processos e dominá-los. Tanto as marinadas quanto as curas têm como objetivo realçar o sabor, a textura e conservar os alimentos, porém as curas têm um papel mais predominante no que diz respeito à preservação e ao amaciamento.

A cura é um processo que utiliza ingredientes como sal, açúcar, ácidos e especiarias para transformar alimentos, enquanto as marinadas são líquidos aromáticos que adicionam sabor e, em alguns casos, amaciam os alimentos.

Além dos ingredientes que serão utilizados nas técnicas de cura e nas marinadas, o tempo de cada um desses processos e a temperatura em que os alimentos serão mantidos são determinantes para a qualidade dos preparos e, principalmente, para a segurança alimentar. A temperatura, especialmente na cura, é essencial para evitar a proliferação de bactérias.

O tamanho e o tipo dos alimentos também serão relevantes para determinar o tempo e a temperatura em que serão mantidos.

Nas marinadas, ácidos, como vinagre, suco de limão ou vinho, são usados para amaciar e adicionar acidez aos alimentos, e ingredientes como pimenta, alho, ervas frescas e especiarias são adicionados para conferir aromas e sabores únicos.

Dominar esses conceitos fundamentais é essencial para explorar plenamente as técnicas de marinada e de cura na gastronomia, criando pratos deliciosos e seguros. Experimentar com diferentes ingredientes e proporções permitirá o desenvolvimento de receitas autorais únicas e saborosas.

> **Importante!**
> Os embutidos produzidos pela indústria alimentícia, como *bacon*, salsichas, linguiças e frios, também passam por processos de cura. Nesse processo, são adicionadas substâncias como

> sais de cura e conservantes, que ajudam a preservar o produto e melhorar seu sabor e sua textura. É fundamental ficar atento à composição desses alimentos e consumir com moderação, pois alguns aditivos podem estar associados a riscos à saúde quando consumidos em grandes quantidades.

Além das técnicas das marinadas mencionadas neste capítulo, também existem as técnicas de defumação e de salga como processos de conservação de alimentos, bem como a cura de queijos, um diferencial na produção queijeira.

A função dessas técnicas é prolongar o tempo de prateleira, proteger contra microrganismos e trazer características desejadas aos produtos. A conservação depende de fatores como temperatura, oxigênio disponível, conservantes, aditivos, técnicas e condições de armazenamento. As técnicas utilizadas são desidratação, defumação, salga e cura, aplicadas por meio de métodos a frio ou com o uso do calor.

A desidratação é um dos métodos mais antigos utilizados e consiste na eliminação da água disponível no alimento. Um dos exemplos desse método seria a carne de sol, que é acompanhada pelo processo de salga, que auxilia na retirada de líquido da carne, porém é denominada *desidratação*.

A defumação, além de conservar a proteína, também adiciona sabor defumado aos produtos, porque é feita por meio do aquecimento, que, por sua vez, traz a redução da umidade presente na carne. Esse processo pode ser combinado com a salga e a cura e também pode, ou não, ir para a refrigeração (dependerá do nível de defumação empregado). Como exemplo, citamos o *bacon*, o salmão defumado, a costelinha, entre outros.

A defumação pode ser feita a quente e a frio. O método quente é o mais comum e, por meio dele, a carne cozinha, aproximadamente, entre 60 °C a 85 °C e defuma ao mesmo tempo. No processo a frio, o alimento fica em contato com a fumaça cerca de seis dias (dependendo do tamanho e do tipo da proteína) na temperatura de, aproximadamente, 30 °C.

Como a proteína fica mais tempo exposta ao processo, seu sabor torna-se mais acentuado.

A salga nada mais é do que a adição de sal na composição dos preparos em busca da desidratação com o propósito da conservação, como é o caso do charque e do bacalhau. Nesse processo, principalmente na indústria, pode haver a adição também de nitrito de sódio ou de potássio para potencializar essa conservação. Além do charque, podemos citar o *jarked beef*, ou carne seca, também como uma das proteínas salgadas mais utilizadas. Esse processo traz os benefícios de preservação do produto e não necessita de refrigeração, otimizando, assim, os custos com armazenamento.

A cura é o processo que busca também conservar o alimento, porém com a adição de produtos químicos, com ou sem o uso do frio ou do calor. Esses produtos são sal, açúcar, nitrito, antioxidantes ou estabilizantes, todos com funções específicas de redução de umidade, preservação, propriedades bacteriostáticas e também atuantes na coloração do alimento.

Há diversos métodos de aplicação para a cura, como a cura direta, a seco, por imersão e por injeção.

A cura direta, mais utilizada em produtos de salsicharia, é feita adicionando produtos secos ou em soluções diretamente no alimento, sem diluentes na mistura. A cura a seco é, geralmente, utilizada em estruturas com espessuras mais finas, como peixes, sobre o qual trataremos mais à frente. Esse processo pode ser lento, dependendo da espessura e de qual resultado pretendemos. Podemos fazer um peixe totalmente curado ou apenas modificar sua textura por meio de uma cura intermediária. A cura por imersão é feita com os mesmos ingredientes da cura direta, porém há o fator de dissolução dos ingredientes. A cura por injeção adiciona os agentes com essa solução por meio de furos na proteína, como se, de fato, fossem agulhas que penetram nos tecidos da carne.

A cura de queijos, por sua vez, é promovida por meio da maturação de determinado tipo de queijo, imprimindo as características desejadas ao preparo. Os queijos, frescos ou curados, são obtidos por meio da coagulação e do dessoramento do leite. Essa etapa forma a crosta do queijo e leva ao resultado final, quando ele deve ser conservado a uma temperatura máxima de 10 °C. Essa cura vai depender das condições determinadas de temperatura, umidade e ventilação e vai modificar as características do produto.

5.2 Cura a seco

A cura a seco é uma técnica tradicional e refinada na gastronomia, conhecida por sua capacidade de realçar o sabor e a textura dos alimentos.

Esse processo envolve a aplicação direta de sal, açúcar, ervas e especiarias na superfície dos alimentos, sem a utilização de líquidos.

O sal é um ingrediente essencial em muitas curas porque desempenha importante função na extração de água dos alimentos, o que ajuda na conservação e na intensificação do sabor, criando uma textura mais firme. Ele penetra na carne, retira a umidade e inibe o crescimento de bactérias, o que ajuda na preservação.

O açúcar é frequentemente usado para equilibrar a salinidade e adicionar um toque de doçura aos alimentos.

Além de preservar, a cura a seco adiciona profundidade e complexidade aos sabores dos alimentos. Especiarias, ervas e outros aromatizantes penetram nas camadas externas, conferindo um perfil de sabor distintivo.

O tempo de cura e a temperatura são fundamentais, como já citamos. Alimentos menores podem exigir apenas algumas horas, enquanto peças de carne maiores podem levar vários dias. A temperatura também influencia a velocidade do processo, por isso a refrigeração adequada é essencial para evitar a deterioração.

A seguir, vemos a imagem de um preparo cuja receita está na sequência. O salmão foi curado com a adição de beterraba na composição, o que trouxe a tonalidade arroxeada para a apresentação em contraste com o laranja. Foram adicionadas fatias de limão, cebola roxa, alcaparras e *dill* para complementar o sabor e a apresentação final. Esse pode ser um prato para compartilhar acompanhado de *sour cream* e torradinhas, por exemplo.

Receita de peixe curado

Ingredientes
- 500 g de posta de salmão ou outro peixe de sua escolha
- 1 xícara de açúcar mascavo
- 1 xícara de sal
- Raspas de 1 unidade de limão
- 1 unidade de beterraba ralada crua
- Quanto baste de wasabi
- Quanto baste de pimenta-do-reino

Modo de preparo
Misture todos os temperos em um *bowl* e esfregue bem nos dois lados da posta do peixe. Tire o excesso do tempero e leve à geladeira pra secar por 24 horas. Ele fica uma delícia, bem macio por dentro e sequinho por fora. A beterraba e o açúcar dão uma adocicada, enquanto o limão e o wasabi contrastam com o azedinho. É muito bom. Sirva com torradas, creme azedo, coalhada seca, *dill*.
Fonte: Vanzetto, 2024.

Outro exemplo de prato de cura a seco é o salmão *gravlax*, ilustrado na receita a seguir. Ele é um clássico escandinavo, feito por meio da cura de finas fatias de salmão com uma mistura de sal, açúcar, endro e zimbro. Após a cura, o peixe é cortado em fatias finas e servido com molho de mostarda doce. Após finalizado e fatiado, o preparo pode ser servido com uma base crocante ou *blinnis* (uma espécie de panqueca pequena) e arrematado com *sour cream* (creme azedo) e raspas de cítricos ou ramos de *dill*. Um prato que pode ser, inclusive, uma ótima opção de canapé refrescante para dias quentes.

Receita de *gravlax* de salmão com endro

Couanon Julien/Shutterstock

Ingredientes
- 700 g de salmão com pele
- ½ xícara de chá de açúcar mascavo
- ½ xícara de chá de sal
- ½ maço de endro/dill picado
- 1 colher de chá de pimenta-do-reino branca em grãos
- 1 colher de sopa de conhaque

Modo de preparo

Lave, seque e pique fino o endro. No pilão, bata os grãos de pimenta para quebrar em pequenos pedaços – não precisa virar pó, se preferir, quebre com a lateral da faca e pique grosseiramente. Numa tigela, misture o açúcar, o sal, a pimenta quebrada e metade do endro picado. Essa é a mistura para curar o salmão. Reserve. Forre a tábua com um pedaço de filme três vezes maior que o filé de salmão. Numa das pontas, disponha o peixe com a pele voltada para baixo e, com uma colher, espalhe o conhaque aos poucos sobre a carne – além de dar sabor, o conhaque também ajuda no processo de cura. Espalhe a outra metade do endro picado sobre toda a superfície do peixe, cubra com a mistura para curar, apertando bem com as mãos para fixar. Embrulhe o salmão com o filme, bem apertadinho, tomando cuidado para não espalhar a mistura para cura. Vire o peixe com a pele para cima e, com a ponta de uma faca bem afiada, fure toda a superfície atravessando apenas a pele do peixe, assim o líquido do salmão drena mais fácil. Sobre uma grelha, coloque o salmão com a pele voltada para baixo e encaixe numa assadeira – a ideia é que o salmão não fique em contato com o líquido drenado. Coloque um peso sobre o peixe para prensar e acelerar a cura, você pode usar um saco de 5 kg de arroz ou um tijolo embrulhado em papel-alumínio. Leve o salmão para curar na geladeira por 48 horas – durante esse período, o líquido do peixe é drenado, o salmão fica com a carne mais firme, absorve os sabores da cura e ganha uma cor mais vibrante por conta do açúcar mascavo. Se preferir, em vez de usar uma grelha, forre a assadeira com uma camada tripla de papel-toalha e troque quantas vezes precisar durante o processo. Após as 48 horas, desembale o salmão e, com a parte cega da faca, raspe e descarte o excesso da mistura de temperos. Apoie o salmão na tábua com a pele para baixo e corte em fatias: utilize uma faca bem afiada, faça os cortes com a faca bem inclinada, quase paralelamente ao peixe, destacando as fatias da pele – a ideia é fazer a fatia bem fininha, mas o mais extensa possível.

Fonte: Panelinha, 2024a.

Outro exemplo de cura a seco é o presunto cru (*prosciutto*). Originário da Itália, o *prosciutto* é produzido curando a perna traseira do porco com sal e deixando-a secar ao ar. O resultado é uma carne delicadamente salgada, com sabor concentrado e textura suave.

5.3 Cura úmida

A cura úmida na gastronomia é uma técnica culinária que envolve a imersão de alimentos em líquidos aromatizados para realçar seus sabores, amaciar a carne e, em alguns casos, conservá-los. Embora a cura úmida seja mais frequentemente associada à medicina e ao tratamento de feridas, sua aplicação na cozinha é igualmente rica em tradições culinárias.

A base da cura úmida na gastronomia é a infusão de sabores nos alimentos. Líquidos como salmouras, marinadas e caldos são enriquecidos com ervas, especiarias, aromáticos e, às vezes, até mesmo álcool, para criar um ambiente saboroso que penetra nos ingredientes.

A cura úmida é particularmente eficaz no amaciamento de carnes, tornando-as mais suculentas e tenras. O líquido da marinada ou da salmoura ajuda a quebrar as fibras musculares, resultando em uma textura mais macia.

Além de melhorar a textura, a cura úmida intensifica o aroma e o sabor dos alimentos. Os líquidos aromatizados têm a capacidade de penetrar profundamente nos ingredientes, proporcionando um perfil de sabor mais rico.

A cura úmida na gastronomia é uma técnica versátil que permite ao cozinheiro explorar uma infinidade de sabores e texturas. A escolha dos ingredientes na marinada ou na salmoura pode variar de acordo com a cultura, a tradição e o gosto pessoal, tornando-a uma ferramenta fundamental para a criação de pratos únicos e deliciosos. Portanto, a próxima vez que desejar adicionar profundidade de sabor e suculência aos alimentos, considere a cura úmida como uma opção inteligente na cozinha.

> **Preste atenção!**
> O processo denominado *cura* envolve a utilização de maior quantidade de ingredientes, como o sal, com a finalidade de remoção ou redução dos líquidos presentes na proteína. A marinada é um processo no qual temperamos a proteína com as finalidades de amaciá-la e trazer sabor.

5.4 Técnicas de marinadas

As técnicas de marinadas na cozinha são um elemento fundamental para realçar sabores, amaciar carnes e criar pratos. Marinadas são líquidos aromatizados nos quais os alimentos são mergulhados para absorver sabor e, em alguns casos, serem amaciados. Elas podem ser preparadas com ingredientes líquidos, como azeite, vinho, suco cítrico, combinados com ervas, especiarias e outros aromáticos, e são usadas para marinar alimentos antes de cozinhá-los. O tempo de marinada varia de acordo com o tipo de alimento; peixes e frutos do mar, geralmente, requerem menos tempo do que carnes vermelhas.

A principal função das marinadas é infundir sabores nos alimentos. Os líquidos e aromáticos penetram nos ingredientes, criando camadas de sabor e aroma. Isso não apenas enriquece o prato, mas também adiciona complexidade às preparações culinárias.

Outro benefício das marinadas é o amaciamento das carnes. Alguns líquidos na marinada, como vinho, vinagre ou suco de frutas, contêm ácido, que ajuda a quebrar as fibras musculares da carne. Isso resulta em carnes mais macias e suculentas após o cozimento.

O tempo de marinada é importante e varia dependendo do tipo de alimento. Peixes e frutos do mar, geralmente, requerem menos tempo de marinada, de 30 minutos a 2 horas. Carnes vermelhas podem necessitar de marinadas mais longas, que variam de 4 a 24 horas. Legumes e tofu podem ser marinados de 30 minutos a algumas horas, dependendo da receita.

As possibilidades com marinadas são infinitas. Uma marinada simples pode ser feita com azeite, alho, ervas frescas, sal e pimenta, sendo versátil o suficiente para marinar frango, peixe, vegetais ou tofu. Marinadas ácidas, com vinho, vinagre ou suco cítrico, além de aromáticos, como cebola, alho e mostarda, são ideais para carnes de porco, frango e frutos do mar. Marinadas de iogurte com especiarias, como cominho, coentro e pimenta-caiena, são excelentes para cordeiro ou frango, proporcionando cremosidade e suavidade à carne.

As técnicas de marinadas são uma ferramenta essencial na cozinha porque possibilitam aos cozinheiros elevar o sabor de seus pratos e criar experiências gastronômicas únicas. Com criatividade e experimentação, podemos explorar diversas combinações de ingredientes e descobrir as marinadas que mais agradam ao paladar.

Em razão de seu sabor muito neutro e suave, as aves, por exemplo, combinam com uma infinidade de temperos, como ilustrado na receita a seguir, por isso devem ser preparadas, sempre que possível, à base de marinadas.

Receita de marinada para aves

Liliya Kandrashevich/Shutterstock

Ingredientes
- 50 g de sal
- 50 g de pimenta-do-reino
- 50 g de páprica picante

- 50 g de mostarda em pó
- 50 ml de azeite de oliva
- 2 cabeças de alho
- 1 unidade de cebola roxa
- 1 maço de cheiro-verde
- 3 unidades de laranja-pera ou bahia
- 3 unidades de limão
- 1 folha de louro
- 50 g de páprica doce

Modo de preparo

Em um recipiente grande, coloque o frango e faça uns furinhos por toda peça com a ponta de uma faca. Nesse mesmo recipiente, comece a agregar os líquidos: suco das três laranjas e dos três limões. Reserve. Em outro recipiente, misture todos os temperos secos. Reserve. Pique em cubinhos bem pequenos a cebola roxa e o cheiro-verde. Depois, use um fio de azeite junto para agregar ainda mais sabor. Feito isso, comece a passar o tempero seco ao redor de toda peça. No final, adicione também o *mix* de cebola e cheiro-verde. Aguarde alguns minutos antes de seguir adiante levando o frango para o fogo para apurar o sabor. Preferencialmente, deixe o frango no líquido do tempero por, no mínimo, uma hora antes de cozinhar.

Receita de marinada para suínos

Ingredientes
- 5 dentes de alho
- 1 unidade de cebola
- 100 ml de melado de cana
- 50 ml de suco de limão
- 50 ml de azeite de oliva

- 1 colher de alecrim
- 1 unidade de laranja-pera ou bahia
- 100 ml de vinho branco
- 50 g de sal

Modo de preparo

Em uma tigela, coloque a carne já porcionada e misture todos os ingredientes bem macerados. Deixe por, aproximadamente, 40 minutos e, em seguida, utilize a proteína já marinada em seu preparo.

5.5 Conservação e armazenamento

A conservação e o armazenamento adequados de marinadas e curas são aspectos fundamentais da gastronomia, pois garantem a segurança alimentar, a qualidade dos alimentos e a capacidade de planejar preparações com antecedência. Tanto marinadas quanto curas podem ser armazenadas, mas os métodos variam de acordo com os ingredientes e o tempo previsto para utilização. Vamos explorar esses aspectos em detalhes.

A maioria das marinadas líquidas deve ser armazenada em recipientes herméticos e mantida na geladeira. A refrigeração retarda o crescimento de bactérias e prolonga a vida útil da marinada. Devemos nos certificar de manter a marinada a uma temperatura de refrigeração segura, abaixo de 4 °C (40 °F).

O prazo de validade das marinadas refrigeradas varia dependendo dos ingredientes. Marinadas à base de ácido cítrico, como limão ou vinagre, têm um prazo de validade mais curto, geralmente, de um a dois dias. Marinadas à base de óleo e de vinho podem durar até uma semana na geladeira.

Se não planejamos usar a marinada em breve, podemos congelá-la. É importante usar recipientes ou sacos de congelamento adequados e deixar espaço para expansão, pois os líquidos expandem-se ao congelar. A maioria das marinadas pode ser mantida no *freezer* por até 2-3 meses.

As curas a seco, que envolvem a aplicação direta de sal e de outros ingredientes secos nos alimentos, podem ser armazenadas em um recipiente hermético em temperatura ambiente. O sal age como conservante natural, tornando o armazenamento a seco seguro.

Se a cura a seco contiver ingredientes perecíveis, como ervas frescas ou alho, é recomendável armazená-la na geladeira para preservar a frescura desses ingredientes. Devemos usar recipientes herméticos para evitar a absorção de odores da geladeira.

As curas a seco podem durar bastante tempo quando armazenadas corretamente, pois o sal age como um conservante eficaz. Devemos verificar, sempre, se não há sinais de deterioração, como mofo ou odor desagradável.

Ao usar marinadas ou curas que foram refrigeradas ou congeladas, é importante que os ingredientes estejam totalmente descongelados antes de prosseguir com a preparação. Isso garante uma distribuição uniforme dos sabores.

Sempre rotule os recipientes de marinadas e curas com a data de preparação para acompanhar o prazo de validade. Evite reutilizar marinadas que entraram em contato com alimentos crus, a menos que sejam fervidas antes de usar novamente.

A conservação e o armazenamento adequados de marinadas e curas na gastronomia são essenciais para garantir a segurança alimentar e a qualidade dos pratos. Seguir as diretrizes de refrigeração, congelamento e prazo de validade ajudará a preservar os sabores e aromas, permitindo que planejemos com antecedência e aproveitemos ao máximo essas técnicas culinárias.

5.6 Confit

A técnica de confitar é uma tradição ancestral de preservação e sabor. Originária da França e aprimorada ao longo dos séculos, funciona como conservante de alimentos por meio da própria gordura, no caso de carnes e peixes, ou de gordura adicionada, no caso de frutos e vegetais.

O processo começa com a escolha criteriosa de ingredientes frescos e de qualidade. Os alimentos são cozidos delicadamente em baixa temperatura, que pode variar entre 70 °C e 90 °C. O tempo de cozimento varia de acordo com o tipo de alimento e o tamanho da peça.

Essa técnica é muito utilizada para o preparo de frutos como o tomate-cereja. As carnes mais usadas para confitar são as de porco, ganso e pato, que são temperadas, aromatizadas com ervas e cozidas na própria gordura, em baixa temperatura, como já citamos. Caso a carne tenha um teor de gordura menor ou esteja com a quantidade de gordura bem reduzida, é possível adicionar gordura para que fique imersa nessa gordura e, assim, possa cozer lentamente.

Quando confitamos tomates-cereja e legumes, podemos adicionar tomilho, manjericão e dentes de alho para realçar ainda mais sabor. No caso de peixes, tomates e/ou legumes, o azeite de oliva ou a manteiga clarificada são as gorduras mais indicadas para o processo (Sebbes, 2008).

Embora o alimento seja cozido em baixa temperatura, ele não pode ser esquecido no fogo. O controle da temperatura é importante para evitar tanto que o preparo queime quanto que se desmanche.

Figura 5.1 – *Confit* de pato (à esq.) e de tomates (à dir.)

Receita de tomate *confit*

Ingredientes
- 500 g de tomate-cereja cortado ao meio
- 4 dentes de alho
- 1 ramo de tomilho fresco
- 1 ramo de alecrim fresco
- 1 ramo de manjericão
- 250 ml de azeite de oliva
- Quanto baste de sal
- Quanto baste de pimenta-do-reino preta

Modo de preparo

Pré-aqueça o forno a 150 °C. Em uma assadeira, disponha os tomates cortados ao meio com a parte cortada para cima. Adicione os dentes de alho e as ervas entre os tomates. Tempere com sal e pimenta a gosto e regue generosamente com azeite de oliva, garantindo que todos os ingredientes estejam cobertos. Asse no forno pré-aquecido por, aproximadamente, 1 a 1,5 horas, ou até que os tomates estejam macios e começando a caramelizar nas bordas. Retire do forno e deixe esfriar antes de transferir para um recipiente de vidro esterilizado. Armazene os tomates *confit* no azeite na geladeira por até duas semanas. Certifique-se de cobrir os tomates completamente com o azeite para preservar seu frescor.

A riqueza de sabores e texturas que essa técnica oferece é evidente em pratos clássicos como o *confit* de pato, em que a carne suculenta é a recompensa de horas de cozimento delicado. No entanto, essa técnica tem evoluído para se adaptar às culinárias contemporâneas, incorporando uma variedade de ingredientes, de vegetais a frutas, para criar pratos que surpreendem e encantam.

O *confit* é uma lição de personalidade e dedicação à arte da culinária e seus resultados são, invariavelmente, deliciosos. A técnica ensina a apreciarmos não apenas o sabor, mas também a transformação que ocorre quando os alimentos são submetidos a esse processo meticuloso.

Como já afirmamos, essa técnica vai além da conservação. Confitar carnes ou vegetais em gorduras ou azeites e em baixas temperaturas permite que os sabores misturem-se e desenvolvam-se de maneira única.

Mãos à obra

Com base nos fundamentos da marinada úmida estudados neste capítulo, desenvolva uma marinada com toque agridoce para proteína suína. Explore a possibilidade de utilizar diversos ingredientes para trazer tempero e dulçor à preparação. Utilize sua criatividade e lembre-se de focar na proteína, sem esquecer do sabor natural que ela já possui.

Para saber mais

Para se aprofundar na formação do profissional, sugerimos a leitura do livro *Técnicas de cozinha profissional*, de Mariana Sebess, diretora de um dos principais institutos de gastronomia latino-americano, a Escuela de Cocina Mausi Sebess, localizada na Argentina. Com uma linguagem didática e abordagem bastante explicativa, o livro oferece um panorama geral sobre procedimentos e técnicas básicas de cozinha profissional, acompanhados por excelentes fotos. As receitas foram adaptadas para a edição brasileira.

SEBESS, M. **Técnicas de cozinha profissional**. 3. ed. São Paulo: Senac Nacional, 2010.

Síntese

Neste capítulo, apresentamos alguns princípios da cura e da marinada na gastronomia, bem como algumas técnicas essenciais para aprimorar o sabor, a textura e a conservação dos alimentos, como o tempo e a temperatura necessários para obter resultados de qualidade nesses processos. Enfatizamos também a importância da segurança alimentar ao trabalhar com curas e marinadas.

Apontamos as diferenças entre *cura* e *marinada*, especificando a cura seca e a úmida e explicando o papel de ingredientes como sal, açúcar, ácidos, ervas e especiarias em cada técnica.

Por fim, abordamos a conservação e o armazenamento adequados de marinadas e curas para garantir a segurança alimentar e a qualidade dos pratos, incluindo dicas sobre prazos de validade e congelamento.

Questões para revisão

1. Qual o objetivo principal da cura na gastronomia?
2. Qual a principal diferença entre cura e marinada?
3. Assinale a alternativa que indica qual a função principal do açúcar nas curas:
   a) Amaciar a carne.
   b) Equilibrar a salinidade.
   c) Aumentar a temperatura de cozimento.
   d) Reduzir o tempo de marinada.
   e) Caramelizar a proteína.

4. Assinale a alternativa que indica o que é importante considerar ao determinar o tempo de marinada:
   a) A cor dos ingredientes.
   b) A textura dos ingredientes.
   c) O tipo de alimento e seu tamanho.
   d) A quantidade de líquido utilizado na marinada.
   e) A consistência dos ingredientes.

5. De acordo com o que foi visto no capítulo, o que uma apresentação final impressionante pode proporcionar a um restaurante ou *chef*?
   a) Redução da satisfação do cliente.
   b) Perda de clientes.
   c) Vantagem competitiva e atração de clientes em busca de experiências culinárias memoráveis.
   d) Redução dos custos operacionais.
   e) Vantagem em relação à apresentação ao cliente.

Questão para reflexão

1. Imagine que em seu restaurante são produzidas inúmeras proteínas. Percebendo que um evento se aproxima, todas as praças de produção quente estão ocupadas e você precisa preparar peixes de uma forma estratégica. Explique qual método poderia ser utilizado, tendo em vista que você não poderá submetê-lo à cocção.

Capítulo 6

Apresentação final, canapés e *finger foods*

Luiz Felipe Tomazelli

Conteúdos do capítulo
- A importância da apresentação final.
- Preparo de canapés e *finger foods*.
- Tendências e inovações do *garde manger*.

Após o estudo deste capítulo, você será capaz de:
1. elaborar e preparar canapés e *finger foods*;
2. aplicar conceitos de estética na apresentação dos preparos;
3. reconhecer tendências e possibilidades na gastronomia.

6.1 A importância da apresentação, da finalização e da distribuição

A apresentação final em pratos e elementos do *garde manger* é um aspecto fundamental da culinária que vai muito além do simples aspecto visual. Ela desempenha papel importante na experiência gastronômica como um todo, influenciando a percepção do sabor, o apetite e a satisfação dos comensais. Nesta seção, abordaremos a relevância da apresentação final na gastronomia, especialmente no contexto do *garde manger*.

A apresentação de um prato é, frequentemente, a primeira impressão que um comensal tem do que será servido. A estética de um prato bem-preparado é capaz de estimular os sentidos e criar uma expectativa emocional positiva. Quando um prato é visualmente atraente, o apetite é aguçado e a curiosidade é despertada, o que pode fazer com que o comensal aprecie mais os sabores apresentados.

As sobremesas apresentadas pelo serviço de *finger food*, como a ilustrada na Figura 6.1, muito consumidas em coquetéis ou mesas temáticas, precisam ter alguns fatores essenciais para que o cliente esteja satisfeito. A aparência de um prato exerce influência direta sobre a percepção do sabor. Um prato organizado e equilibrado sugere harmonia de sabores e ingredientes bem combinados. Uma apresentação desleixada, porém, pode transmitir falta de cuidado na preparação, o que pode prejudicar a apreciação dos sabores, mesmo que estes sejam excelentes.

Figura 6.1 – Apresentação de sobremesa *finger food*

O *garde manger* é uma das áreas da culinária em que a criatividade e a expressão artística são mais evidentes. A apresentação final de pratos e elementos, como canapés e *finger foods*, é uma tela em branco na qual o *chef* pode mostrar sua habilidade e sua criatividade. Cores vibrantes, formas elegantes e arranjos cuidadosamente pensados podem transformar ingredientes comuns em obras de arte comestíveis.

Em um restaurante ou um evento, a apresentação final desempenha um papel significativo na satisfação do cliente. Um prato que é visualmente impressionante e cuidadosamente disposto tende a criar uma experiência mais gratificante. Os comensais não apenas desfrutam do sabor, mas também apreciam o esforço e a atenção aos detalhes dedicados ao prato.

Em um mercado gastronômico altamente competitivo, a apresentação final torna-se um diferencial. Restaurantes e *chefs* que conseguem apresentar pratos de forma única e atraente têm uma vantagem competitiva, atraindo clientes em busca de experiências culinárias.

A finalização e a distribuição dos pratos na cozinha fria exigem detalhes muito importantes para os quais devemos atentar a fim de manter o cuidado, especialmente quando se trata de canapés, *finger foods* e sobremesas.

6.2 Canapés

Na cozinha fria, uma das tarefas mais emblemáticas e criativas é a preparação de canapés. A palavra *canapé* é um termo francês e significa "sofá" ou qualquer móvel para repouso. Ao longo da história da culinária, evoluiu para representar pequenas porções de alimentos servidas sobre uma base de pão ou biscoito.

Os canapés, tradicionalmente compostos por uma base, um recheio e uma guarnição, exigem atenção na finalização. A disposição dos ingredientes, a escolha das ervas frescas para decorar e até mesmo a aplicação de molhos ou reduções são aspectos que elevam a qualidade final do canapé.

Para produzir um excelente canapé, é necessário observar pontos muito importantes, como a base, o conteúdo e a combinação de sabores.

Quando falamos sobre a base de um canapé, ela pode ser uma infinidade de insumos, como torradas, pães, vegetais, crocantes, massas e pastas. A base deve ser escolhida de acordo com a estrutura de seu prato, ou seja, sua quantidade de ingredientes. Por exemplo, se os demais ingredientes forem leves, a base pode ser menos estruturada. No caso de ingredientes que necessitam de uma acomodação maior ou se for um líquido, será necessário pensar em outra estrutura, como barcas ou massas assadas mais estruturadas.

Os canapés são *finger foods* nos quais o cozinheiro pode construir sua personalidade de sabor. É necessário pensar na complementação de cada ingrediente para que, juntos, em uma bocada, possam trazer uma boa experiência ao degustador, razão por que é importante pensar em todos esses pontos.

Os canapés clássicos vão trazer, em diversos momentos, a essência de pratos clássicos, como uma salada caprese empratada em forma de *finger* ou, até mesmo, porções pequenas de polenta com ragu de ossobuco – porções que as pessoas consigam consumir em pé, sem a necessidade de apoio em mesas.

São formas de praticar um serviço em espaços que precisamos acomodar um maior número de pessoas, por isso a necessidade de haver criatividade na apresentação, para explorar o melhor dos ingredientes, como textura, cor e sabor. Por exemplo, um canapé com base de crocante de arroz negro, *tartare* de atum e emulsão de raiz forte é um prato com poucos ingredientes, porém com uma potência em sabores. Se for finalizado com flores comestíveis, será uma opção bem contemporânea.

Os canapés podem ser tanto salgados, como os exemplos citados, como doces nas mais diversas releituras ou, simplesmente, clássicos da confeitaria que apenas mudaram de tamanho. Nesse caso, temos *macarrons*, *tartelletes* e *mousses*. No cenário da confeitaria, também há a possibilidade de trazer inovação por meio de técnicas da gastronomia molecular ou criando combinações, como um bolo de pinhão, *curd* de laranja e *chantilly* de cachaça, valorizando o regionalismo sul-brasileiro, ou também a combinação de texturas com montagens que valorizam a arquitetura das esculturas de chocolate.

Na Figura 6.2, à esquerda, vemos um canapé com a utilização de uma base, de um creme e de um ingrediente de destaque, o salmão curado, além do ingrediente de decoração, mas o *dill* fresco traz o frescor; o canapé ilustrado no centro da imagem foi elaborado com uma base crocante, um presunto cru, que envolve todos os outros ingredientes, e finalizado de forma delicada com brotos de beterraba; à direita, a apresentação do canapé é mais contemporânea, com o uso de um disco de gel seguido de um patê e finalizado com *culis*.

Figura 6.2 – Exemplos de canapés

Os canapés são a personificação da criatividade culinária. Eles oferecem uma oportunidade única de combinar ingredientes diversos em harmonia, criando explosões de sabor que surpreendem o paladar. Desde peixes e frutos do mar até queijos e vegetais frescos, os canapés são versáteis e permitem que o *chef* experimente e inove.

A criação de canapés requer habilidade técnica e uma compreensão profunda dos sabores e das texturas. Os *chefs* da cozinha fria dominam técnicas como a preparação de patês, o fatiamento preciso de ingredientes e a montagem elegante sobre bases de pão ou biscoito. A criatividade é a chave para criar canapés únicos e memoráveis.

Na Figura 6.3, vemos o exemplo de uma montagem equilibrada, temperos que fazem a combinação adequada com os sabores, além, é claro, de um visual atrativo na preparação.

Figura 6.3 – Canapé de tomates frescos com queijo de búfala, brotos e alcaparras

Jacek Chabraszewski/Shutterstock

A apresentação final dos canapés é tão importante quanto o sabor: cores vibrantes, texturas contrastantes e arranjos simétricos são características dos canapés bem apresentados.

Na cozinha fria, a criação de canapés é uma forma de demonstrar a arte na cozinha, desde a criação das combinações de sabor até sua apresentação final. É uma oportunidade para os *chefs* mostrarem criatividade, habilidade técnica e paixão pela culinária. Os canapés não são apenas pequenas porções de comida; são pequenas obras-primas que elevam a experiência gastronômica a um novo patamar. Portanto, na função do *garde manger*, a criação e a apresentação de canapés são tarefas que requerem dedicação, talento e atenção aos detalhes, resultando em criações que encantam os sentidos e deixam uma marca duradoura na memória dos comensais.

6.3 *Finger foods*

Os *finger foods*, também conhecidos como comida para comer com as mãos, têm raízes na história da culinária. A ideia de comer sem a necessidade de talheres remonta a tempos antigos, quando as culturas ao redor do mundo usavam pães, folhas de vegetais e outros alimentos como recipientes comestíveis. Atualmente, essa tradição evoluiu para uma forma de culinária sofisticada e versátil.

A criação de *finger foods* requer habilidades culinárias refinadas. Os *chefs* da cozinha fria são especialistas em escolher ingredientes de alta qualidade e manipulá-los de maneira precisa. Eles dominam técnicas que vão desde a elaboração de minissanduíches e bolinhos até a montagem elegante de pequenos pratos em formatos inovadores. É o caso de montagens que não seguem um padrão de altura, como crocantes de tapioca, de arroz e outros, ou, até mesmo, a utilização de louças diferenciadas em busca da delicadeza, trazendo minimalismo pela adição de brotos comestíveis ou flores como complemento.

Outro exemplo das formas inovadoras podem ser os invólucros naturais, como palha de milho, folhas de couve, folhas de bananeira, entre outras, que imprimem um ar especial, dependendo do conceito do evento e da forma utilizada.

A apresentação visual é tão importante quanto o sabor, com cada elemento cuidadosamente disposto para estimular os sentidos.

Na Figura 6.4, vemos a imagem de três tipos de *finger food*: à esquerda, temos uma montagem que une o clássico, uma salada, e a inovação na montagem, o uso da massa *phyllo*, extremamente fina e crocante, cujo sabor não deve atrapalhar os demais ingredientes. No centro, temos o exemplo de um canapé criativo, com o uso do crocante de arroz negro para a base que pode ser servida com frutos do mar. À direita, vemos mini-*voll-au-vents*, que trazem a massa folhada e o creme interno desse canapé, finalizando com a disposição de caviar em cima, como sofisticação do preparo.

Figura 6.4 – Exemplos de *finger foods*

Katerininamd; Vershinin89; EsHanPhot/Shutterstock

A apresentação visual dos *finger foods* é uma arte em si. Os *chefs* da cozinha fria são verdadeiros artistas, criando arranjos que atraem o olhar e aguçam o apetite. A paleta de cores, as texturas contrastantes e os arranjos simétricos tornam os *finger foods* verdadeiras obras de arte comestíveis.

Dado que muitos canapés e *finger foods* são servidos em temperatura ambiente ou fria, as técnicas de preservação de temperatura são essenciais. Superfícies refrigeradas, embalagens isolantes e estratégias de montagem que evitem a rápida perda de temperatura são práticas comuns para manter a qualidade dos pratos.

Finger foods, por sua natureza descontraída e versátil, têm evoluído para incluir uma variedade de opções, desde clássicos reinventados até criações contemporâneas. A finalização desses pratos, muitas vezes caracterizada pela combinação de sabores inesperados e técnicas inovadoras, reflete a dinâmica constante da culinária moderna.

6.3.1 Pratos principais frios na modalidade *finger food*

A modalidade *finger food* tem ganhado cada vez mais popularidade em eventos sociais e corporativos, oferecendo uma experiência culinária sofisticada e minimalista. Nesse contexto, os pratos principais frios na modalidade *finger food* destacam-se como uma opção refinada, proporcionando uma alternativa leve e saborosa para os apreciadores da gastronomia.

Os pratos principais frios na modalidade *finger food* são caracterizados por sua apresentação bem pensada e sabores equilibrados para que sejam consumidos em uma ou duas bocadas. A escolha dos ingredientes desempenha um papel muito importante, uma vez que sua combinação tem fundamental potencial para agregar ao preparo sensações que aguçam os sentidos dos convidados, explorando cores, texturas, aromas e sabores.

Como exemplos, podemos citar o ceviche de salmão com leite de coco e manga, uma opção leve e refrescante para dias quentes, ou, até mesmo, um rosbife muito bem temperado com emulsão de mostarda, que são combinações bem clássicas.

O ceviche pode ser servido em peças de vidro, por exemplo, em pequenas porções, ou também podemos desmembrá-lo, trazendo um crocante de batata-doce na base, creme de leite de coco, o próprio ceviche de salmão sem a parte líquida, como se fosse um *tartare* com manga e finalizado com brotos de coentro.

Já o rosbife poderia ter um crocante feito por meio do queijo parmesão na frigideira, em moedas de parmesão, e, depois, as fatias de rosbife finas espetadas com um palito de canapé, fazendo uma espécie de "tecido dobrado" finalizado com uma emulsão de mostarda e *ceboulette* na decoração.

Nesse sentido, após diversos exemplos, podemos seguir não apenas com a elaboração de preparos da contemporaneidade, mas também apresentar alguns pratos clássicos, respeitando seus elementos e trazendo uma apresentação no formato de canapés. Vale lembrar, nesse ponto, que devemos chamar de *releitura* todo prato clássico que foi modificado.

6.3.2 Sobremesas na modalidade *finger food*

As sobremesas *finger food* são marcadas pela delicadeza e pela apresentação bem elaborada. Essa abordagem busca oferecer não apenas uma experiência em relação ao sabor, mas também uma estética visualmente atraente.

Ingredientes de alta qualidade e técnicas de confeitaria refinadas são aplicados para criar miniaturas de sobremesas que encantam, pois sempre há um diferencial nessas criações. Os conhecimentos da confeitaria clássica são empregados para que, de certa forma, possamos apresentar criações em pequenos formatos, acrescentando um toque a mais no evento social ou corporativo.

A delicadeza é valorizada, cada vez mais, nesse contexto, pois os profissionais precisam estar capacitados para desempenhar atividade com tamanha precisão e técnica. A precisão será necessária para cortes muito bem executados, para a produção cuidadosa de molhos e, inclusive, para o pré-preparo. Se o pré-preparo não for bem executado, o resultado pode não agradar muito, uma vez que todas as etapas do processo precisam ser bem planejadas, mas, acima de tudo, bem executadas.

As sobremesas devem ser tratadas com muito cuidado, pois precisamos nos atentar, principalmente, à temperatura da preparação e, inclusive, do servimento de cada prato, pois cada emulsão, molho e base têm consistências que podem sofrer alterações quando submetidas a temperaturas mais geladas ou mais quentes.

6.4 Tendências e inovações do *garde manger*

O *garde manger*, com sua ênfase na culinária fria e na apresentação requintada de pratos, é uma disciplina culinária que continua a evoluir, assimilando tendências contemporâneas e inovações que revolucionam a forma como pensamos sobre comida.

Uma das tendências no *garde manger* é o movimento em direção à sustentabilidade e ao uso de ingredientes locais. *Chefs* e cozinheiros estão, cada vez mais, comprometidos em utilizar produtos sazonais e ingredientes produzidos localmente, reduzindo o impacto ambiental e apoiando a economia local. Isso não apenas ressoa com os valores de responsabilidade social, mas também resulta em pratos mais frescos e autênticos.

A internacionalização da gastronomia tem influenciado profundamente o *garde manger*. *Chefs* estão explorando a fusão de técnicas e ingredientes de diferentes culturas, criando pratos que transcendem fronteiras geográficas. A combinação de sabores e ingredientes de todo o mundo permite que esse profissional crie experiências culinárias verdadeiramente únicas.

A gastronomia molecular, que explora a ciência por trás da culinária, tem encontrado seu lugar no *garde manger*. Técnicas como a esferificação, a gelificação e a aerificação são usadas para criar pratos e apresentações inovadoras que desafiam as expectativas tradicionais. Essa abordagem científica aplicada à culinária tem cativado tanto *chefs* quanto comensais.

O *garde manger* também está se adaptando para atender às demandas por pratos mais saudáveis e conscientes da saúde. A inclusão de ingredientes ricos em nutrientes, a redução de gorduras e açúcares e a ênfase na apresentação de pratos equilibrados têm ganhado destaque. Essa tendência reflete a crescente conscientização sobre alimentação saudável.

A apresentação visual de pratos no *garde manger* continua a ser uma área de inovação. *Chefs* estão explorando novas técnicas de empratamento, como pinturas de molhos, arranjos de microvegetais e uso de pratos de *design* exclusivo. A estética desempenha papel relevante na experiência gastronômica.

6.5 Terminologias

A terminologia na cozinha fria é como uma língua exclusiva, transmitindo instruções, tradições e identidades culinárias. Compreender os termos específicos do *garde manger* é preservar a autenticidade das receitas e das técnicas, garantindo que a riqueza cultural seja transmitida de geração a geração. Desde o clássico *tartare* até as modernas criações de saladas compostas, cada termo carrega consigo uma tradição culinária.

A padronização das terminologias na cozinha fria é fundamental para estabelecer uma comunicação eficiente entre os membros da equipe. Quando todos entendem claramente os termos específicos, o processo de preparação e apresentação dos pratos torna-se mais prático.

A seguir, listamos alguns termos utilizados na cozinha fria para seu conhecimento:

- *Carpaccio de frutas*: Técnica de cortar frutas em fatias finas e arranjar em uma apresentação delicada.
- *Clarificação*: Remoção de impurezas ou partículas sólidas de líquidos, muitas vezes feita pelo uso de claras de ovos.
- *Cocção sous-vide*: Técnica de cozinhar alimentos a vácuo, a baixas temperaturas controladas, para preservar sabor e textura.
- *Confit*: Método de cozimento lento em gordura, frequentemente aplicado a carnes como pato ou coxa de frango.
- *Cozimento lento*: Método de cocção em baixas temperaturas por longos períodos para obter texturas e sabores aprimorados.
- *Desbaste*: Processo de reduzir a espessura de carnes ou legumes para garantir uma cocção uniforme.
- *Desidratação*: Remoção de umidade de alimentos para preservação ou para criar texturas específicas, como em *chips* de vegetais desidratados.
- *Emulsificação*: Processo de combinar ingredientes que, normalmente, não se misturam, como óleo e água, para criar uma mistura estável, como a maionese.

- **Encurtar:** Técnica de misturar gordura com farinha para criar uma textura amanteigada em massas e crostas.
- **Escaldar:** Método de submergir rapidamente alimentos em água fervente e, em seguida, resfriá-los em água gelada para preservar cor e textura.
- **Esferificação:** Técnica que transforma líquidos em esferas gelatinosas, criando apresentações inovadoras em pratos.
- **Espatulação:** Técnica de nivelar e suavizar superfícies, como glaçagem em bolos ou cobertura em tortas.
- **Espuma:** Técnica que cria uma textura leve e aerada em líquidos, geralmente utilizando um sifão.
- **Fermentação:** Processo controlado de cultivo de bactérias ou leveduras para desenvolver sabores complexos em alimentos, como em picles.
- **Filetagem:** Técnica de cortar peixe ou carne em filés finos e uniformes.
- **Fumagem a frio:** Processo de expor alimentos à fumaça, sem calor, geralmente usado em salmão e queijos.
- **Gelificação:** Transformação de líquidos em uma consistência gelatinosa, utilizando regularmente agentes gelificantes, como ágar-ágar.
- **Infusão a frio:** Extração de sabores de ingredientes em líquidos sem a aplicação de calor, como na preparação de chás gelados.
- **Laminação:** Processo de estender massa em camadas finas, usualmente utilizado em *croissants* e folhados.
- **Maceração:** Processo de amaciar ou realçar o sabor de frutas ou vegetais imersos em líquidos como vinho ou suco.
- **Marinada:** Técnica de imersão de alimentos em uma mistura líquida, geralmente contendo ácido, óleo e temperos, para melhorar o sabor e a textura.
- **Mise en place**: Organização e preparação de todos os ingredientes antes do início do processo de cozimento.
- **Montagem:** Arranjo e apresentação de ingredientes em um prato de maneira esteticamente agradável.

Apresentamos apenas alguns dos termos comuns na prática da cozinha fria em uma infinidade de outros, o que mostra que é preciso estar atento aos estudos para desenvolver nossas habilidades na cozinha de forma mais prática e precisa.

> **Para saber mais**
> Para conhecer mais sobre os temas abordados neste capítulo, sugerimos duas leituras. A primeira é o livro *Um químico na cozinha: a ciência da gastronomia molecular*, de Raphaël Haumont, que apresenta aspectos importantes sobre a evolução da cozinha e sobre a gastronomia molecular, temática que pode ser utilizada na concepção de *finger foods* e canapés inovadores.
>
> A segunda leitura é o livro *Canapés: na medida certa para cada ocasião*, cujos autores explicam como canapés são uma forma pratica de confraternizar, mesmo com muitos convidados, sem nos preocuparmos com serviço de mesa, pratos ou cadeiras, além de que podem ser preparados com antecedência.
>
> HAUMONT, R. **Um químico na cozinha**: a ciência da gastronomia molecular. Rio de Janeiro: Zahar, 2016.
>
> TREUILLE, E.; BLASHFORD-SNELL, V. **Canapés**: na medida certa para cada ocasião. Tradução de Paula Dutra. Rio de Janeiro: Alta Books, 2010.

Síntese

Neste capítulo, exploramos a importância da apresentação final em pratos e elementos do *garde manger*, bem como abordamos a influência da apresentação na percepção do sabor, no apetite e na satisfação dos comensais.

Como vimos, a apresentação de um prato é a primeira impressão que os comensais têm da refeição, estimulando os sentidos e criando expectativas positivas. Uma apresentação visualmente atraente aguça o apetite e desperta a curiosidade, aumentando a apreciação dos sabores.

A estética de um prato também influencia a percepção do sabor, sugerindo harmonia e ingredientes bem combinados.

No contexto de restaurantes e eventos, a apresentação final desempenha um papel significativo na satisfação do cliente, e *chefs* que conseguem apresentar pratos de forma única e atraente têm uma vantagem competitiva.

Além disso, exploramos a preparação e a apresentação de canapés, destacando sua evolução ao longo da história da culinária e enfatizando a importância da criatividade na combinação de ingredientes.

Apresentamos também os *finger foods*, ressaltando a habilidade técnica necessária para criar essas pequenas delícias e a importância da apresentação visual.

Por fim, abordamos as tendências e inovações do *garde manger*, incluindo o movimento em direção à sustentabilidade, a internacionalização da gastronomia, a gastronomia molecular, a busca por pratos mais saudáveis e a constante inovação na apresentação visual de pratos, canapés e *finger foods*.

Questões para revisão

1. Assinale a alternativa que indica um dos aspectos fundamentais da culinária destacado neste capítulo:
   a) Utilização de ingredientes exóticos.
   b) Preparação rápida de pratos.
   c) Apresentação final em pratos.
   d) Uso de técnicas de cozinha *sous-vide*.
   e) Alcance da saciedade.

2. O que a apresentação de um prato bem-preparado pode fazer?
3. Assinale a alternativa que indica como a aparência de um prato influencia a percepção do sabor:
   a) Não influencia em nada.
   b) Sugere harmonia de sabores e ingredientes bem combinados.
   c) Transmite falta de cuidado na preparação.
   d) Aumenta a qualidade dos ingredientes.
   e) Transmite criatividade.
4. Assinale a alternativa que indica uma das responsabilidades do profissional *garde manger* mencionada no capítulo:
   a) Preparar pratos quentes.
   b) Organizar eventos de culinária.
   c) Criar bolos e sobremesas.
   d) Preparar canapés e *finger foods*.
   e) Preparar sobremesas elaboradas da alta confeitaria.
5. De acordo com os estudos deste capítulo, quais são os componentes indispensáveis para pensar ao criar um canapé?

Questões para reflexão

1. Como a apresentação final de um prato afeta sua própria percepção do sabor e seu apetite ao experimentá-lo?
2. Você já teve uma experiência gastronômica em que a apresentação final de um prato influenciou significativamente sua satisfação com a refeição? Como essa experiência afetou sua apreciação pela culinária?

Considerações finais

Chegamos ao final deste livro sobre cozinha fria, que é muito mais do que saladas e sanduíches: trata-se da habilidade de criar harmonias de sabores e texturas que despertam os sentidos e encantam o paladar. É importante lembrar que a cozinha – seja ela quente, seja ela fria – é uma forma de expressão artística, uma manifestação de amor e dedicação aos sabores e à beleza dos alimentos.

Esperamos ter despertado em você, leitor, a inspiração para explorar, experimentar e criar suas próprias delícias na cozinha fria e apreciar os ingredientes e as técnicas dessa culinária.

Da higienização de ingredientes à exploração de sabores de ervas, especiarias, azeites aromatizados e confitados, a culinária revela-se como uma arte em constante evolução, em que a tradição encontra-se com a inovação, resultando em pratos que cativam os sentidos, como vimos ao longo desta obra.

A culinária é uma aventura sem fim, uma exploração constante de novos ingredientes, técnicas e sabores, por isso não devemos ter medo de experimentar, criar e, acima de tudo, de nos deliciar com a jornada gastronômica. Cada prato é uma oportunidade de contar uma história, de expressar amor e cuidado por aqueles que têm importante significado para nós.

Referências

ANQUIER, O. **Molho béarnaise**. Disponível em: <https://www.olivieranquier. com.br/novo/2014/02/molho-bearnaise/>. Acesso em: 17 abr. 2024.

ASSIS, L. **Alimentos seguros**: ferramentas para gestão e controle da produção e distribuição. Rio de Janeiro: Senac Nacional, 2011.

BARRETO, R. L. P. **Passaporte para o sabor**: tecnologias para a elaboração de cardápios. 8. ed. São Paulo: Senac, 2000.

BEZ, D. **Adoro salada**: 260 receitas saudáveis e variadas para fazer em até 20 minutos. Tradução de Andrea Martins. São Paulo: Publifolha, 2015.

BRAUNE, R. Terrine de legumes. **Tá na mesa**. Disponível em: <https://tanamesa.com/receita/terrine-de-legumes-renata-braune/>. Acesso em: 17 abr. 2024.

CALADO, B. V. C. O papel da brigada na setorização de uma cozinha profissional e suas influências na organização moderna dos restaurantes e na formação acadêmica. In: ENCONTRO DE PRÁTICAS DOCENTES, 7., 2015, Fortaleza. **Anais...** Fortaleza: UFC, 2015.

CARTWRIGHT, M. Guildas medievais. **World History Encyclopedia**, 14 nov. 2018. Tradução de Yan de Oliveira Carvalho. Disponível em: <https://www.worldhistory.org/trans/pt/1-17576/guildas-medievais/>. Acesso em: 5 mar. 2024.

CARVALHO, R. **Cozinha fria**: da ornamentação à execução do cardápio. São Paulo: Érica; Saraiva, 2014.

CHEF CRISTINA HAALAND. **Terrine de salmão**. Disponível em: <https://chefcristinahaaland.com.br/produto/terrine-de-salmao/>. Acesso em: 25 abr. 2024.

ECKERT, A. L. **Bases de cozinha e produção de alimentos e bebidas**. Curitiba: Universidade Positivo, 2016.

FSHAA – Fédération des Sociétés d'Histoire et d'Archéologie d'Alsace. **Jean-Pierre Clause**. Disponível em: <https://www.alsace-histoire.org/netdba/clause-jean-pierre-dit-le-normand/>. Acesso em: 17 abr. 2024.

GISSLEN, W. **Professional Cooking**. Hoboken: John Wiley & Sons, 2011.

GOMES, C. E. T.; SANTOS, E. C. **Nutrição e dietética**. 2. ed. São Paulo: Érica; Saraiva, 2014.

HAUMONT, R. **Um químico na cozinha**: a ciência da gastronomia molecular. Rio de Janeiro: Zahar, 2016.

INSTITUTO AMERICANO DE CULINÁRIA. **Garde manger**: a arte e o ofício da cozinha fria. Tradução Anthony Cleaver, Juliana Cleaver Malzoni e Julie Cleaver Malzoni. 4. ed. São Paulo: Senac, 2014.

INSTITUT PAUL BOCUSE GASTRONOMIQUE. **The Definitive Step-by-Step Guide to Culinary Excellence**. United Kingdom: Hamlyn, 2016.

JULIA EATS ITALY. **Panzanella**. Disponível em: <https://www.juliaeatsitaly.com/home/2020/5/4/panzanella>. Acesso em: 17 abr. 2024.

KÖVESI, B. et al. **400 g**: técnicas de cozinha. São Paulo: Companhia Editora Nacional, 2008.

LE VRAIS INVENTEURS du Paté de Foie Gras. Nancy: Imprimerie Berger-Levrault et Cie, 1909. Disponível em: <https://www.edition-originale.com/pdf/les-vrais-inventeurs-du-pate-de-foie-gras-1909-1410865362.pdf>. Acesso em: 17 abr. 2024.

LINGUANOTTO NETO, N.; FREIRE, R.; LACERDA, I. **Misturando sabores**: receitas e harmonização de ervas e especiarias. Rio de Janeiro: Senac Nacional, 2013.

PANELINHA. **Gravlax de salmão**. Disponível em: <https://panelinha.com.br/receita/gravlax-de-salmao-com-torradas>. Acesso em: 17 abr. 2024a.

PANELINHA. **Salada de repolho americana (coleslaw)**. Disponível em: <https://panelinha.com.br/receita/salada-de-repolho-americana-coleslaw>. Acesso em: 17 abr. 2024b.

SANCHES, M. Banquete de sabores em um só preparo. **Bom Gourmet**, 11 dez. 2013. Disponível em: <https://bomgourmet.com/bomgourmet/um-banquete-de-sabores-terrine/>. Acesso em: 17 abr. 2024.

SANTOS JUNIOR, C. J. **Manual de segurança alimentar**: boas práticas para os serviços de alimentação. Rio de Janeiro: Rubio, 2008.

SEBBES, M. **Técnicas de cozinha profissional**. 2. ed. Tradução de Helena Londres. Rio de Janeiro: Senac Nacional, 2008.

SEBESS, M. **Técnicas de cozinha profissional**. 3. ed. Tradução de Helena Londres. São Paulo: Senac Nacional, 2010.

SEQUERRA, L. (Org.). **Cozinha fria e *garde manger***. 2. ed. São Paulo: Pearson Education do Brasil, 2017.

THE CULINARY INSTITUTE OF AMERICA. **Garde manger**. The Art and Craft of the Cold Kitchen. 4. ed. New Jersey: John Wiley Sons, 2012.

THIS, H. **Um cientista na cozinha**. Tradução de Marcos Bagno. 4. ed. São Paulo: Ática, 1999.

TIME-LIFE BOOKS (Ed.). **Terrines, pâtés & galantines**. [s.l.]: Time Life Education, 1982.

TOZZO, C. **Cozinha funcional**: receitas e dicas essenciais para uma cozinha cheia de saúde. Florianópolis: Cristhiane Tozzo, 2016.

TREUILLE, E.; BLASHFORD-SNELL, V. **Canapés**: na medida certa para cada ocasião. Tradução de Paula Dutra. Rio de Janeiro: Alta Books, 2010.

VANZETTO, R. **Peixe curado**. Disponível em: <http://renatavanzetto.com/peixe-curado/>. Acesso em: 17 abr. 2024.

WRIGHT, J.; TREUILLE, E. **Le Cordon Bleu**: todas as técnicas culinárias. 3. ed. São Paulo: Marco Zero, 2000.

WRIGHT, J.; TREUILLE, E. **Le Cordon Bleu**: todas as técnicas culinárias. São Paulo: Marco Zero. 2012.

Respostas

Capítulo 1

Questões para revisão
1. a
2. Preparação de entradas frias, saladas, sanduiches etc.
3. d
4. A produção de produtos de carne curada, como presunto e salame.
5. d

Questão para reflexão
1. Como *chef garde manger* em um restaurante prestigiado, devo providenciar os preparos para que a mesa de antepastos para o evento seja uma experiência gastronômica completa para os convidados, além de coordenar toda a montagem da mesa. É fundamental entender a importância da apresentação visual dos antepastos, pois uma mesa bem-organizada e esteticamente agradável aumenta o apetite dos convidados. Minha primeira preocupação deve ser criar uma disposição harmoniosa dos pratos, utilizando uma variedade de texturas e sabores para criar um visual atraente. Para o preparo de patês, exploraria uma variedade de bases, como fígado, vegetais assados ou leguminosas, combinadas com ervas frescas, especiarias e ingredientes aromáticos para criar perfis de sabor complexos e interessantes. As terrinas podem ser elaboradas utilizando uma combinação de carnes, aves, peixes ou vegetais, camadas em harmonia e texturas contrastantes para uma experiência gastronômica única. Os frios devem ser selecionados com cuidado, buscando produtos de alta qualidade e uma variedade de sabores, como presuntos curados, salames

artesanais, queijos variados e acompanhamentos como frutas secas, nozes e compotas. As saladas, podem ter opções frescas e sazonais, utilizando uma variedade de vegetais, ervas, frutas e molhos para criar pratos vibrantes e cheios de sabor.

Capítulo 2

Questões para revisão

1. Seleção, lavagem e sanificação.
2. c
3. b
4. e
5. 80 °C.

Questões para reflexão

1. Podemos pensar que, às vezes, a reverência pela tradição pode levar à estagnação criativa. No entanto, em vez de ver a tradição como uma restrição, devemos vê-la como uma fonte de inspiração. Podemos explorar as técnicas e os ingredientes utilizados em receitas clássicas e, com base nisso, criar versões que reflitam nossa visão contemporânea da culinária. Um bom ponto de partida é entender profundamente os princípios por trás das saladas clássicas. Por exemplo, podemos estudar as técnicas de preparação, os perfis de sabor predominantes e os ingredientes essenciais. Com esse conhecimento, podemos começar a arriscar, substituindo ingredientes tradicionais por alternativas mais inovadoras, introduzindo novos métodos de preparo ou combinando elementos de diferentes tradições culinárias. Além disso, a exploração de ingredientes sazonais e regionais pode ser uma fonte infinita de inspiração. Incorporar ingredientes frescos e locais em nossas criações não apenas adiciona um toque de originalidade, mas também nos conecta com a terra e a cultura ao nosso redor. Outra maneira de equilibrar a reverência pela tradição com a busca de novas interpretações é experimentar novas técnicas de

apresentação e serviço. A forma como um prato é apresentado pode ter um impacto significativo na experiência gastronômica. Portanto, podemos explorar novas maneiras de montar e servir saladas, utilizando técnicas de empratamento criativas e inovadoras.
2. Como base para o *confit*, pretendemos explorar uma variedade de ingredientes, incluindo vegetais, como tomate-cereja, alho-poró, abobrinha e cenoura, além de frutas como peras ou maçãs. Para proteínas, podemos utilizar aves, como pato ou frango, e peixes, como salmão ou bacalhau. A escolha dos ingredientes dependeria da disponibilidade sazonal e das preferências dos clientes. As ervas também são muito bem-vindas para dar sabor. Usar alecrim fresco, por exemplo, pode trazer um aroma terroso, enquanto o tomilho trará notas levemente cítricas e mentoladas, e a sálvia, um sabor amadeirado e levemente adocicado. Além disso, especiarias como pimenta-do-reino, pimenta-da-jamaica, noz-moscada e cardamomo também contribuirão para a complexidade e a profundidade dos pratos.

Capítulo 3

Questões para revisão
1. Três partes de óleo para uma parte de ácido.
2. b
3. b
4. e
5. A manteiga deve estar amolecida.

Questões para reflexão
1. Os molhos emulsionados e as manteigas compostas permitem expressar nossa criatividade na cozinha de maneiras infinitas, pois a combinação de ingredientes e o uso correto dessas técnicas culinárias podem transformar refeições simples em experiências gastronômicas memoráveis. Os molhos emulsionados, como o molho holandês,

a maionese e o vinagre, são criados pela combinação de ingredientes imiscíveis, como óleo e água, por meio da ação de emulsificantes, como ovos ou mostarda. Esses molhos não apenas adicionam sabor e umidade aos pratos, mas também proporcionam textura e cremosidade. A chave para dominar os molhos emulsionados é a técnica de emulsificação, que requer paciência, precisão e prática. A escolha dos ingredientes certos, como óleos aromatizados, vinagres de qualidade e ervas frescas, pode aprimorar ainda mais o sabor e a complexidade do molho. Da mesma forma, as manteigas compostas são uma maneira versátil de adicionar mais sabor aos pratos. Criadas pela combinação de manteiga com uma variedade de ingredientes aromáticos, como ervas frescas, alho, cítricos e especiarias, as manteigas compostas podem ser usadas para temperar carnes grelhadas, peixes, legumes e massas. A técnica de preparo envolve amolecer a manteiga e incorporar os ingredientes desejados antes de enrolá-la em um filme plástico e refrigerá-la para firmar. O resultado é uma manteiga rica em sabor e fácil de fatiar, que derrete suavemente sobre os alimentos, proporcionando um toque final de indulgência e sabor. A criatividade na cozinha não se limita apenas à escolha dos ingredientes, mas também à maneira como os manipulamos e combinamos para criar sabores e texturas únicas. Ao utilizar técnicas como molhos emulsionados e manteigas compostas, podemos dominar e expandir nosso repertório culinário e elevar o nível de nossas criações, proporcionando aos nossos convidados uma experiência gastronômica verdadeiramente excepcional.

2. Espera-se que o leitor responda que, para a maionese permanecer estável, é preciso utilizar a técnica correta da emulsão. Como a maionese é preparada com ovos crus, não deve ser utilizada em restaurantes, pois há riscos microbiológicos. Para resolver esse problema, a sugestão é preparar o molho *holandaise* e executar a técnica correta.

Capítulo 4

Questões para revisão
1. Revolução Francesa.
2. e
3. c
4. c
5. Gelatina natural.

Questões para reflexão
1. Espera-se que o leitor responda que a evolução das técnicas culinárias ao longo do tempo reflete a influência da história e da cultura em nossa comida. Eventos históricos, como revoluções, guerras e migrações, influenciaram práticas culinárias, trazendo novos ingredientes e técnicas. A globalização e a troca cultural também expandiram os sabores e as receitas disponíveis, promovendo a fusão de diferentes tradições culinárias. Assim, nossa culinária é uma expressão da nossa herança cultural e histórica, adaptando-se ao longo do tempo.
2. A preservação das tradições culinárias, como *terrines*, patês, *mousses* e *galantines*, é importante para a gastronomia contemporânea e para nossa herança cultural porque nos conecta à história, enriquece a culinária atual com técnicas e sabores clássicos e mantém vivas identidades regionais. Além disso, ensina sobre ingredientes e métodos de preparo tradicionais, promovendo uma maior compreensão da diversidade gastronômica.

Capítulo 5

Questões para revisão
1. Intensificar os sabores e prolongar a vida útil dos alimentos.
2. A cura tem como objetivo realçar o sabor, a textura e a conservação dos alimentos, enquanto a marinada visa apenas adicionar sabores, podendo ser seca ou úmida.

3. b
4. c
5. c

Questão para reflexão

1. Espera-se que o leitor aponte que a melhor alternativa, considerando não haver possibilidade de usar a cocção do peixe, seria fazer o processo de cura para trazer algo diferenciado para o cardápio. Como não houve uma obrigatoriedade em relação ao tipo de preparação do peixe, essa seria uma boa forma de executar o preparo, podendo ser feita a cura e, depois, servido como entrada, por exemplo, acompanhado de uma base e *sour cream* com a finalização do *dill*.

Capítulo 6

Questões para revisão

1. c
2. Estimular os sentidos e criar uma expectativa emocional positiva.
3. e
4. d
5. Estruturantes, construção de sabor e criatividade.

Questões para reflexão

1. Ao experimentar um prato, e até mesmo antes disso, o cliente o aprecia com os sentidos, começando pela visão. Nesse caso, a apresentação tem total influência na percepção do sabor, pois, caso o prato esteja com uma apresentação moderna e bem elaborada, trará uma visão mais positiva; caso haja um descuido na apresentação e ela não esteja satisfatória, com certeza a experiência do cliente não será completa, influenciando assim a percepção negativa no contexto geral.
2. Resposta subjetiva, por meio da qual o leitor poderá relembrar e relatar alguma situação que já vivenciou, destacando os pontos de experiência gastronômica e o grau de satisfação obtido.

Sobre os autores

Ana Lúcia Eckert é mestre em Bioética pela Pontifícia Universidade Católica do Paraná (PUCPR), especialista em Gestão de Segurança de Alimentos pelo Serviço Nacional de Aprendizagem do Comércio do Paraná (Senac-PR), estudante de Nutrição no Centro Universitário Maringá (UniCesumar) e *chef de cuisine* pelo Centro Europeu. Atua como professora de Gastronomia há mais de 15 anos e é autora de livros e de 17 cursos *online* pela Webtv Senac.

Luiz Felipe Tomazelli é especialista em Docência Superior de Gastronomia pela Faculdade Unyleya, graduado em Gastronomia pela Universidade Positivo, *chef de cuisine* nacional e internacional pela mesma instituição e estudante de Nutrição no Centro Universitário Maringá (UniCesumar). Cursou extensões na área de Gestão de Segurança Alimentar, Cozinha Contemporânea Brasileira e Internacional e Tendências e Empreendimentos Gastronômicos pela Faculdade Prominas.

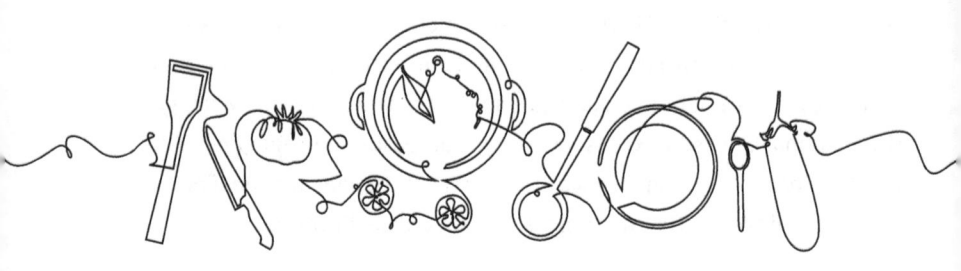

Impressão
Janeiro/2025